U0336284

销售就是要玩转情商 （领导力篇）

打造高绩效销售团队的秘密

［美］**科林·斯坦利**（Colleen Stanley）_著

刘寅龙_译

THE SECRET TO BUILDING
HIGH-PERFORMANCE SALES TEAMS

Emotional Intelligence for Sales Leadership

机械工业出版社
CHINA MACHINE PRESS

本书的主题是如何打造一支高绩效、高情商的销售团队。对此，本书探讨了如下三个问题：如何聘用和选拔高情商的销售员；指导销售团队掌握赢得和保留业务所需软技能的工具和秘诀是什么；如何打造能帮我们成为高绩效销售导师和领导者所需要的关键情商力。以此让销售负责人认识到，"真实世界"中的共情力和情绪管理是他们与销售团队打造强大合作纽带的关键。本书为销售负责人提供了一套简洁实用的步骤，以培养团队成员获取不可或缺的情商技能，从而创建一种崇尚反馈和变革的销售文化；为销售负责人提供行动指南，帮助他们明确聘用过程所需要的关键性情商技能，以打造一支坚韧不拔的销售团队。从而达到引领读者了解销售团队在情商软技能方面的培训流程，确保整个团队始终坚持合理的销售行为的目的。

图书在版编目（CIP）数据

销售就是要玩转情商：打造高绩效销售团队的秘密. 领导力篇／（美）科林·斯坦利（Colleen Stanley）著；刘寅龙译. —北京：机械工业出版社，2021.1

书名原文：Emotional Intelligence for Sales Leadership: The Secret to Building High-Performance Sales Teams

ISBN 978-7-111-67332-3

Ⅰ.①销…　Ⅱ.①科…②刘…　Ⅲ.①销售-方法　Ⅳ.①F713.3

中国版本图书馆 CIP 数据核字（2021）第 024500 号

机械工业出版社（北京市百万庄大街22号　邮政编码100037）
策划编辑：坚喜斌　　　　　　　　责任编辑：坚喜斌　侯春鹏
责任校对：李　伟　肖　琳　　　　责任印制：孙　炜
北京联兴盛业印刷股份有限公司印刷

2021年2月第1版·第1次印刷
170mm×240mm·15.75印张·1插页·158千字
标准书号：ISBN 978-7-111-67332-3
定价：59.00元

电话服务　　　　　　　　　　网络服务
客服电话：010-88361066　　　机　工　官　网：www.cmpbook.com
　　　　　010-88379833　　　机　工　官　博：weibo.com/cmp1952
　　　　　010-68326294　　　金　书　网：www.golden-book.com
封底无防伪标均为盗版　　　　机工教育服务网：www.cmpedu.com

谨以此书献给我们的优秀客户。

在每周的"销售领导力"训练营上，

我们都因为有机会与这些睿智机敏、谦逊平和、

吃苦耐劳的销售员和销售领导者合作而感恩。

你们绝对是最优秀的。

本书献给全世界的销售领导者，向你们致以最崇高的敬意。

你们在培养销售员达成目标和帮助客户体验优质服务方面做出的奉献，

始终激励着我不断求索和前进。

本书赞誉

"要打造一支伟大的销售团队，首先需要这个团队的领导者具有良好的自我认知能力以及高效的销售管理技能。无论你打算聘用的是年轻气盛的未来天才，还是经验老到的资深人士，本书都会给你提供无与伦比的工具和故事，帮助你的企业为提升销售绩效、规避销售文化停滞打好基础。"

——埃里克·泰勒（Eric Taylor），
加拉格尔全球人才管理中心主任

"作为公司昔日的销售领导者和现任首席执行官，我深知，销售管理已逐渐成为业务增长中最有挑战性的环节之一。随着新技术的不断采纳，企业也在持续发展，但销售管理始终依赖于人际关系。本书为组织领导者传授和运用共情力、谦卑和责任感等心理干预手段提供了实务性指南。毫无疑问，这是他们的必读之作！"

——卡伦·绍特（Karen Short），
环球集团公司首席执行官

"这显然是科林·斯坦利的又一本佳作。对提升情商技能的关注，无疑有助于销售领导者以不同的视角和方式看待传统的销售管理实践。为此，我郑重地向我的学生、从事销售教学的同行和组织的销售领导者推荐此书。"

——亚沙尔·阿提菲（Yashar Atefi），
丹佛大学丹尼尔斯商学院销售领导中心主任

"科林非常善于引导我们利用情商力——比如说，我们作为销售领导者所需要的共情、果断和情感管理能力。而本书则为我们创建高情商销售团队、创造销售奇迹提供了诸多行之有效的工具！"

——波利·拉斯蒂科夫（Polly Lestikow），
科罗拉多壁橱工厂总裁

"如果有机会亲身聆听科林的销售管理培训，那当然是再好不过的事情了，但如果没有这样的机会，阅读这本书也会让我们豁然顿悟。全书简洁明了，从头到尾，你唯有不断地点头称道。想起以往的销售经历，只会让你觉得遗憾满满，而又与此书相见恨晚。我无比期待着用这些洞见和工具去武装自己的销售团队！"

——斯蒂芬妮·麦迪娜（Stephanie Medina），
LinkedIn 区域销售负责人

序 言

情商力：打造高绩效销售团队的法宝

针对如何在全球范围内获得竞争优势这个话题，形形色色的文章、书籍早已铺天盖地，不计其数。但遗憾的是，它们考虑的焦点，仅仅局限于如何在技术、人工智能和全球经济的影响下提升竞争力。成功的企业永远在思考，怎样才能以更好的新方法去突破市场瓶颈，为客户提供服务。他们投资于技术平台的改善，确保以最迅捷、最便利的方式为客户提供产品和服务。为了在这个永无休止的繁忙世界中招揽潜在客户，企业正在把越来越多的资金投入品牌和营销这个无底洞。

尽管这当然也是对资源的合理利用，但还有一种赢得生意的办法却往往被很多销售组织所忽略。这种方法的核心，就是把情商完全融入你的招聘策略、销售培训方法和销售领导力的实践中。

我敢肯定，有些销售主管在阅读这本书时，会不住地摇头。他们很难相信，作为一种软技能，情商技能怎么能带来实实在在的销售业绩呢？我当然不是在毫无依据地夸大情商的威力。我们不妨问问自己：作为销售主管，你自己是否遇到过下面这些窘境呢？

- 即便是在公司产品还能卖出好价钱时，你的销售团队依旧会开展打折促销。而且这还是在你让销售团队成员参加谈判技巧培训课后发生的事情。

- 尽管你的头衔是公司的销售副总裁或销售经理，但总有一天，你突然会觉得，自己名片上还应该有幼儿园老师或是心理治疗师这样的名头。日常的销售演练消耗了你的大量宝贵时间。

- 在你的销售团队中，员工只会喋喋不休地说废话，却不会耐心、认真地倾听，尽管你早就向他们传授过非常有效的提问策略。

- 你已反复强调过销售员为潜在客户提供新洞见和新思维方式的重要性。但你的销售团队却不会向客户传授任何洞见和理念，因为他们根本就没有动力去学习和探索，头脑里当然也就没有任何新想法。

- 你昔日曾是顶尖的销售大师，但你的销售团队根本就不接受你传授和指导的技能。你很困惑，这到底是你的责任，还是他们自己的问题。

- 你的销售团队只会盯着手机屏幕上的电子邮件和短信息，却不善于和现实生活中的客户进行沟通。

在这些问题中，很多归咎于无效的销售技巧。正如我们将在本书中所发现的那样，诸多弊端源自软技能和情商技能的匮乏。

作为一名销售领导者，学习情商技能，并把这种技能运用到日常工作中，将大大减少甚至消除上述销售管理中遭遇的窘境。毋庸置疑，我们确实到了该转换思路的时候了。不要再等待了，现在就把情商融入你的销售领导实践中吧。

销售管理模式的恶性循环

我们生活在一个信息时代。销售员和销售领导者为追求成功而可以动用的销售工具和知识，要比以往任何时候都多。我们既可以聆听销售大师的播客，也可以参加网络研讨会或是现场销售培训及管理课程，还可以查阅丰富多彩的专业博客。

然而，美国老牌销售培训公司米勒·黑曼（Miller Heiman）旗下研究机构 CSO Insights 却告诉我们，销售员完成目标任务的比例始终徘徊在53％左右。为什么会这样呢？答案显然不是唯一的。不过，通过与数百家销售组织的合作，我发现，有一个非常重要的原因在于，在面对销售业绩不佳的境遇时，很多销售机构并没有从解决问题的正确角度入手。在不知不觉中，他们会陷入销售管理的恶性循环中，不断重复同样的错误。

- **在面试新销售员时，销售经理往往只关注应聘者的从业经历和销售技能**——我们姑且称之为硬技能，也就是所谓的"销售智商"（Sales IQ）。但他们从不考察软技能，或者说"销售情商"（Sales EQ），也就是所谓的情商力。结果，销售经理通常会聘用与企业文化缺乏匹配度的员工，从而对公司文化和核心价值造成严重破坏。你的新员工或许擅长销售，但却不善于与同事打成一片。

- **当销售员未能完成销售指标时，销售经理的第一反应就是向他们传授更多的硬销售技巧**——顾问式销售（consultative selling）技巧。这种能力的重要性毋庸置疑，而且在培训销售员时，我们也确实很重视这种技能的传授。但问题是，如果销售员在推销时未能提出充分有效的问题，到底是因为他根本就不知道该问什么呢？还是因为他还需要更好地学会情绪控制和自我认知，这样，在决定打折促销的会议上，他才知道该在什么时候"发力"，以及如何"发力"？

在一个优秀的销售团队中，销售主管应兼顾顾问式销售技巧（销售智商）和软技巧（销售情商）的传授、指导和领会，只有这样，才能加快销售业绩目标的实现。

证据何在

位于弗吉尼亚州阿灵顿的咨询机构企业执行委员会（Corporate Executive Board）通过研究，揭示出顶级销售员拥有的一些关键习惯特征。在最成功的销售员身上，一项最基本的特质就是自我表达能力。但自我表达能力显然不是一种硬销售技巧或是一种顾问式销售技巧。相反，它是一种情商力，可帮助销售员在推销谈话中清晰表达自己希望达到的目标，从而与客户建立起双向的合作伙伴关系，而不是单向的"推销关系"。清晰无误的表达能力是销售员始终发挥硬销售技能的基础，能帮助销售员在销售拜访中采取正确的言行。

通过与成功的 CEO 以及组织领导者的合作，《情商优势》（*The EQ Edge*）一书的作者史蒂文·斯坦（Steven Stein）和霍华德·布克（Howard Book）收集了大量研究成果。他们的数据不出意外地表明，最能赚钱的组织领导者在共情和自尊这两项情商力上始终高人一筹。这些善解人意的领导者显然是优秀的倾听者。他们拥有了解员工情感温度的能力。而他们善于联系团队成员并打造团队凝聚力的能力，则帮助他们成功地留住顶尖人才，避免人员非正常流动带来的高附加成本。

具有高度自尊的领导者善于发现自己的优点和缺陷。这种意识和信念有助于规避可能破坏其决策质量和职业生涯的盲点。销售团队喜欢而且信任这样的团队领袖，因为在犯错时，他们不会因为需要承认错误而挠头。关爱和诚实可以造就相互信任、伟大的团队和非凡的盈利能力。但是，又有多少销售领导者曾经培训或指导过下属打造情商技能呢？答案很明显——寥寥无几。

为什么要读这本书呢

长期以来，很多吃苦耐劳的销售员和销售经理始终未能实现他们理应得到的价值。销售拜访常常让销售员感到垂头丧气的一个重要原因是弥漫在对话过程中的情绪，而不是缺乏有效的推销和宣传技能。很多人忘记把重要的软技能融入推销谈话中；对话可能才开始 5 分钟，成功的希望便被彻底打破，因为他们根本就没有去体验现有客户或潜在客户的心理状态。

低水平的自我认知 = 低层次的其他认知 = 丧失情感纽带 = 丢掉生意

在销售领域中还存在另一个极端情况，我遇到过一些赚大钱的销售员，他们始终生活在巨大的压力之下。因为缺乏情商力，导致他们无法充分享受销售这份职业带来的快乐。他们把自己导入一个越来越艰辛的怪圈，而不是让自己变得越来越聪明。因此，销售只会让他们越来越疲劳，越来越厌倦，最终不得不半途退出。这两种极端情况都会带来不必要的人员轮换，让销售经理不得不拿出更多时间去面试新销售员，而不是多花点时间去打磨现有的销售团队。

这显然是一个不理智的恶性循环！

在指导销售员方面，销售领导者之所以会经常脱轨，完全是因为指导过程中的情绪失控，而不是因为他们缺乏有效的培训和指导能力。他们不知道该以怎样的情绪出现在销售员面前，于是，原本只想着为销售员提供善意的反馈，最终却导致销售员采取防御行为，这无疑是领导者最担心的事情。究其根源，就是因为销售经理未把必要的共情意识融入培训对话中。他们总是迫不及待地给出建议和指令，丝毫没有顾及销售员在面对既定销售目标时的心理状态。

销售和销售管理应是妙趣横生的事情

我们在工作上耗费的时间往往远超过和家人共同度过的时间。假如你是一名销售主管，那么，培养销售团队的情商力，无疑会让你的生活更轻松、更愉快。一支拥有高情商的销售团队不仅能顺利完成销售指标，而且不会让快乐溜走。这样的销售团队善于学习和掌握软技能，小学或是高中阶段往往不会提供这种教育，传统的销售培训或销售管理培训也不会涉足这个领域。常见的软技能包括：

- 共情思维以及如何通过创建情感纽带来增进信任、改善关系并促进业务达成。
- 情绪管理，减少与潜在客户、现有顾客及其团队成员进行无效的应急（要么战斗，要么逃跑）沟通。
- 压力管理技巧，减少挫败感并提高生产效率。
- 自我限制性思维体系，它往往导致销售员无法达成人生的最佳状态。
- 自我认知及其他意识，避免在创建业务关系和实现销售目标过程中不断重复相同的错误。
- 接受失败和反馈。接受反馈和经历失败是造就大师的必经之路，而强化自我尊重技能则有助于增强接受批评和失败的能力。

富有高情商的人善于让人们忍受痛苦，振作精神，因为他们永远不会陷入自责和推脱的游戏中不能自拔。

　　高情商的销售员绝不会把失败归咎于外界。他们是富有竞争力、自信和谦虚的销售员，他们不仅喜欢享受成功，也敢于接受失败。这些人善于反省，不断给自己提出问题："我怎样才能实现转变、成长和进步？我应在人际关系和对话中展现出怎样的面貌？"

　　现在，的确到了我们以全新视角看待销售和销售领导力的时候。而当务之急就是把情商技能融入我们的销售、培训和领导过程。

　　既然如此，就不要犹豫，现在就开始吧。

致 谢

我经常和大家分享这样一种理念：要赢得并留住一个客户，首先需要建立一个"销售村"。要撰写和出版一本书，也需要建立一个"销售村"。很幸运，我身边始终站着一些伟大的"村民"。

正如各位在阅读本书所述故事时所感受到的，万思体活力有限公司（Varsity Spirit Corporation）就曾是我这个村子的一部分，而且至今依旧如此。是这家公司的团队成员们最早给我机会去探究销售技能和销售领导力这个领域，并最终带我走上现在所从事的销售及销售领导力教学演讲的道路。谢谢你们。

在"销售领导力"这个村子里，一个最重要的人物就是朱莉·庞斯（Julie Points）。她绝对是我的左膀右臂、最忠诚的卫士，也是我的销售开发经理。她不仅拥有难以置信的组织才华，还全心全意地致力于帮助从顾问到客户的所有人取得成功。正因为如此，我们才把朱莉称为"销售领导力"业务的"强力胶水"。

此外，我还要感谢来自"女性销售职业论坛"（Women Sales Pros）的很多同仁，感谢你们加入我的小村子。吉尔·康拉斯（Jill Konrath）在几年前创建了这个组织。在我们当中，很多人都学习过吉尔开办的"踢屁股"课程。如果没有她的鼓励，也就没有我的第一部作品《销售就是要玩转情商：99%的人都不知道的销售软技巧》的面世。当然了，我还得加倍努力。正是这部处女作取得的成功，才促成本书的出版。一些慷慨大方的演讲家、培训师和咨询师为我提供了很多有价值的洞见和支持，也给我带来了很多轻松愉悦的时刻。感谢南希·布里克（Nancy Bleeke）和莱恩·希迪（Lynn Hidy），感谢你们耐心审阅本书的各个章节，并在内容或观点上提供了很多宝贵补充。

感谢哈珀柯林斯出版集团出版团队对本书的信任和支持。我深知，每年都会有数百位作者联系出版商，希望有机会发表自己的作品，因此，我万分感谢贵团队的厚爱。我期待有更多的机会加深这种伙伴关系，向读者传递情商与销售领导力方面的新知。

在我的这个村子里，最早一批成员就是那些曾在我人生早期给予我巨大影响的优秀老师。艾玛姐姐、南茜姐姐、扬·格鲁伯（Jan Gruber）以及马丁·韦德金（Martin Wedeking）教授让我认识到为人诚实守信，做事坚韧不拔，做人富有同情心以及严谨和慷慨的美德的重要性，他们的言传身教让我受益匪浅。

我还有一位同样优秀的丈夫，吉姆显然是这个村子最重要的成员之一。他也是我最忠诚的啦啦队长。我的工作或旅行时间安排有时近乎疯狂，但他从未抱怨过。他是个好人。

目录

第 1 部分

以全新视角
重新诠释销售领导力

我学会了不断接受以前从未尝试过的事情。成长和舒适永远都不能共存。

——吉妮·罗密蒂（Ginni Rometty），IBM 首席执行官

多智不足以善行。

——《罪与罚》，费奥多尔·陀思妥耶夫斯基（Fyodor Dostoevsky），

19 世纪俄国作家

01

第一章

销售团队

欢迎加入我们的高情商

　　皮特是一位刚刚上任的销售经理，在指导和培养销售团队方面信心百倍，精力十足。但另一方面，他多少有点神经质，毕竟，他还是个新手，而且非常有自知之明，他很清楚，自己还有很多不知道的东西。

　　于是，皮特找到了自己的老同事——维多利亚，后者也是他的私人导师。维多利亚已有超过十年的成功销售管理经验，而且依旧对担任销售主管这个职位感到乐此不疲。

　　维多利亚请皮特观摩她的团队销售会议，现场感受会议进程，这种会议每两周召开一次。一踏进会议室，皮特就意识到一种与众不同的感觉，但他还说不清楚那到底是一种什么感觉。后来，他才恍然大悟：所有销售员都在互相交谈。他们没有在查看智能手机或平板电脑上的电子邮件。相反，他们完全打成一片，推心置腹，各抒己见，巩固相互之间的关系。身处公司办公室以外的销售员也是如此，只不过，他们通过视频会议和同事们聊天打趣。这有点让皮特感到怪异——难道就没有客户给这些销售员添堵吗？难道就不应该再给他们加点任务，让他们有事可做吗？他们手上难道就没有其他需要关注的事情吗？

会议开始了，皮特注意到，整个团队在会议中始终遵守既定议程。他在笔记中记录：制定议程可能是个好办法。这就类似一次成功的销售拜访：你和潜在客户都很清楚，这次拜访的具体目的和目标是什么。

在每次销售会议上，维多利亚都会以同样的问题作为开场白："我们到底有哪些事情做对了？"皮特环顾了一下整个房间，现在，他确实感到很困惑。"销售会议难道不是为了解决问题吗？维多利亚为什么要把时间浪费在这个貌似自我感觉良好的问题上？难道她不应该让团队集中精力，解决运营问题或是客户关注的问题吗？"

团队成员反应热烈，纷纷讲述个人及公司经历的成功案例。皮特觉得整个房间里都笼罩在积极乐观、热情开放的氛围中。他从与会者脸上看到了一种自豪的情绪，因为这个销售团队都认识到，他们正在成为一支战无不胜的团队，一支伟大而神奇的团队。

维多利亚将话题转到下一个议题，向销售团队讲授了一个强化销售对话贴心度的新概念。实际上，她只是简单地提出了一个概念，随后，销售团队便划分为几个演练小组。皮特认真聆听销售员们进行的角色扮演练习。让皮特感到惊讶的是，他并没有听到以往很多销售员经常挂在嘴边的话："我可不想扮演什么角色……这都是假的……这真让人不舒服。"皮特很好奇，他确实很想知道，维多利亚到底是在哪里找到这些销售员的。

在进行了几轮练习和总结之后，维多利亚提议进入下一个议程。她问销售团队："在销售过程的哪个部分，你们会遇到困难？你们的交易经常在哪个环节卡壳？"皮特觉得这个问题只会带来沉默。显而易见，谁愿意承认他们不是销售界的摇滚明星呢？但令他惊讶的是，马上就有几只手举了起来。但更让他感到意外的是这些人的回答。销售员毫不隐瞒地指出他们搞砸生意的环节和方式！

- "我在上一笔交易确实卖超了，我们根本就没那么多库存……但糟糕的是，我自己甚至根本就不清楚怎样卖超的！我需要这方面的帮助。"
- "我确实没有把握住这个本应该拿下的订单。原因就是我没做好准备。我必须对这个损失承担责任。所以说，我想和大家讨论一下，我在以后的业务中应如何确保不再重复这样的失败。"
- "我都有点不好意思承认这一点，但这笔生意的金额确实让我感到有点胆怯。我希望可以从这里得到一些帮助，集中精力让自己把握好这种局面。"

皮特的脑海里思绪万千，不时闪现出各种想法。眼前看到的情景彻底颠覆了他在以往销售会议上的体验。销售员习惯于把损失归咎于公司：前期缺乏足够的信息支持，他们还需要更好的营销支持或是经验更丰富的好助手，我们的价格太高，等等。那么，维多利亚的销售团队到底发生了什么呢？她是如何做到这些的呢？

会议的最后一部分是所有人进行简单的总结，并要求视频会议参加者签到。每个销售员都要做出承诺，在下次会议之前改进各自销售流程中的某个环节。同时，每个销售员都要在团队中找到一位合作伙伴，每天监督自己实现既定目标的进度。

会议结束时，大家互相击掌鼓劲，并祝福对方在各自的具体销售项目中取得好运。

皮特对维多利亚邀请自己出席这次会议表示谢意。开车回到自己的办公室之后，皮特还在怀疑，维多利亚是不是聘请了演员，而整个销售会议就是专门为他上演的一出戏。

此时此刻，作为读者的各位或许也在这么想。但这的确就是现实，这场销售会议确实不是一场表演。因为皮特所面对的，本身就是一个拥有高情商的销售团队。在这样的团队中，无论是销售主管，还是每一名普通的销售员，都具有高度的自我认知和个人责任感。他们不会相互指责，推脱责任，因为他们始终牢记一句古话的训诫——"如果不能避免，那就勇敢地去面对吧。"

一个有情商的销售团队知道，推迟享受、努力工作、勇于实践和不断磨砺自身能力，会让他们更加强大。他们从不在嘴上空谈团队合作，而是用行动去诠释这个概念，而这首先就需要和队友进行无缝沟通，建立合作关系，并帮助他们不断取得新的成功。

这种文化始于团队的最顶层。一个有情商的销售团队，首先需要一个有情商的销售领袖。当你踏入这个团队时，你未必完美无瑕。我自己也清楚，在提高情商方面，我还需要不断改进，而且我确实也在不断进步，还有很多需要去探索和努力的方面。值得庆幸的是，只要有了这个目标，甘愿投入并始终如一地去奋斗，我们的情商就会不断提升。

正如已故作家玛雅·安杰卢（Maya Angelou）所言："知道得越多，做得越好。"如果你希望成为一名更优秀的销售领导者，那么，这本书或将让你茅塞顿开，让你的前进之路一帆风顺。

第二章

一切从我开始

如果你因为刚刚晋升到销售管理岗位上而打算看看这本书，那就要恭喜你了。我敢肯定，你得到的晋升是当之无愧的，因为你肯定是一位业绩优异的顶级销售员，用始终如一的优秀业绩为组织创造利润。

当然，或许你已经是一个销售团队的管理者，多年来，一直领导着团队锲而不舍地努力工作，并希望以新的思维和想法去激励整个团队。

无论是哪种情况，在你读到本书的这里时，还是希望你停下来，静心思考，问问自己：你真的想成为一名名副其实的销售领导者吗？你喜欢销售管理这份职业吗？我知道，这个问题听起来似乎有点愚蠢而疯狂，但我们都不止一次地看到过，当一名销售员被提升到管理岗位之后，事实却告诉我们，这只是一次充满艰辛和苦楚的晋升。

几年前，我接受一家公司的邀请，为公司员工提供我们专门设计的"情商销售"（Ei Selling）网络培训。在培训课程结束后，公司挑选了几名销售经理向他们的销售团队传授和强化培训基本内容。遗憾的是，大多数销售经理根本没有这个能力。

造成失败的最大原因，就是很多销售经理根本就不喜欢和团队成员进行经常性的一对一指导。当然，他们拥有全套可派上用场的工具——从听取推销拜访成果汇报、了解拜访计划、设置角色模拟训练，再到与团队进行技能练习。但任何进步都需要时间，而这些销售经理往往被眼前的满足感所俘获，始终把其他事情放在最优先的位置上。

这些销售经理当然不是坏人，也非能力不够。与很多成功销售员一样，在他们还非常喜欢做销售员的角色时，接受了担任销售领导者的职务。可以理解，相比于培养和领导销售员，这些销售经理确实更喜欢卖东西和赚钱。

了解自己

要学会利用自我认知（self-awareness）这种强大的情商力。自我认知就是认识和理解自己。它是一个人对自我感觉、动机和欲望的有意识的认知。这是一种巨无霸式的软技能，因为你根本就不知道，哪些能力是你无法更改的。

留出一段可以宁心静气的时间，提出并回答以下问题，看看你是否愿意接受或是继续扮演销售领导者的角色：

- 你是否还会像喜欢销售工作那样，享受担任销售主管的管理角色呢？
- 你是否喜欢你目前担任的销售经理角色？
- 哪些环节有可能成为销售领导者的盲点，或是影响你成为一名成功的销售领导者？
- 你是否愿意经历极端陡峭的学习曲线，以掌握领导团队所需要的新技能（如招聘、培训、指导销售员并督促他们各司其职）？

如果你对这些问题的答案是否定的，那也没关系。尽管我很羡慕 CFO 的头衔，但我确实不想成为 CFO。归根到底，你得了解自己。

招聘和选拔技能

销售经理会因为他们的业务开发能力而得到晋升。很多人酷爱发现新机会，进行面红耳赤的销售谈判以及享受达成交易所带来的快感。作为销售领袖，你需要寻找有前途的未来销售员，但你的目标正在发生改变。今天，你需要盯住那些最优秀的销售人才。因此，你必须重新调整面试技巧，以选到真正有潜力的销售员。这个潜在候选人能成为你的得意门生吗？作为销售经理，你即将做成的最重要的一笔交易，就是把优秀的销售员招致麾下。

自我认知问题：你对充实销售员人才储备的积极性如何？你能像发现新客户那样去"捕猎"未来的销售员吗？你对学习招募、开展面试、背景调查以及审查简历等方面的新技能的投入程度如何？你是否会像做成一笔新生意那样，无比兴奋地去聘用一个有前途的新人？

培训和指导技能

在这个问题上，通用电气前首席执行官杰克·韦尔奇（Jack Welch）的话一语中的："当你成为一名领导者时，重要的已不再是你自己，而是你身边的集体。"你或许曾是一位杰出的销售员，但遗憾的是，如果你不能把这些技巧、习惯和思维传递给整个销售团队，那么，你昔日优秀的销售技巧便一无是处，毫无价值。

如果我不喜欢培训和辅导，那我就不会接受销售管理的岗位，也不会从事演讲、培训和辅导等职业。培训似乎非常很有趣——而事实也的确如此。但它有时也可能会很乏味，因为指导者需要大量的重复和练习，才能提高销售员的销售技能。而且培训课程需要极大的耐心。

自我认知问题：你对听取销售拜访计划、销售拜访总结、开展角色扮演以及其他更多角色扮演会感到多兴奋呢？你是否有推迟享受的能力和潜心培育销售员的耐心呢？你是喜欢亲自完成交易，还是更愿意指导别人做呢？你勤奋工作，学会成为一名优秀老师和教练所需要的动力有多大呢？

责任制

优秀的销售领导者习惯于为销售团队制定更高的标准，并要求团队成员对业绩指标和完成情况负责。销售主管需要不断提高衡量业绩的标准，因为他们很清楚，最强大的竞争对手也在不断提高考量标准。但提高业绩标准可能会招致团队成员的反对。即使新的目标、制度或标准会让你的销售团队更有效率，依旧会遇到反对声音。即使是在阅读本章的读者，也要想办法克服"我可不想把这东西加到我的CRM（客户管理系统）中"之类的借口。毕竟，销售员首先是人，正如我们将会看到的那样，人的本性就是不喜欢变化。

要实施责任制，往往需要领导者与销售员进行苦口婆心、摆事实讲道理的对话，指出存在于工作中的问题或缺陷。在你接受销售领导者的角色时，实际上就已经接受了人才培养和创造利润的职责。你的角色有点像是好父母。优秀的父母深知，养育孩子绝不是一场人气竞赛，如果孩子说"其他伙伴的妈妈都没指望他们如何，而且所有孩子都在玩游戏"，这些父母会坚定地拒绝顺从孩子的意愿。

运用自我认知和真实性测试问题：你对销售员就指标和结果承担责任的接受程度如何？当销售团队希望采取更轻松，但效率更低的方案时，你是否有信心坚持既定方针？你是否愿意为进行摆事实讲道理的指导性沟通而学习必要的反馈技巧？

在人和利润之间求得均衡

在与数百家销售组织的合作中，我有机会接触到形形色色的销售领导者。销售领导者通常可以划分为以下三类：现场型销售经理、居家型销售经理和全能型销售经理。

现场型销售经理是指那些在任何情况下，都能无条件维护自己团队的销售领导者。他们为销售团队的一切行动辩护，甚至会拒绝认可、更不用说接受企业的目标。实际上，他们根本就不了解，也不关心公司如何赚钱。尽管现场型销售经理深受自己销售团队的爱戴，但也限制了企业的成长和盈利。

顾名思义，居家型销售经理就是只喜欢待在公司办公室里的领导者。这些销售经理已经离不开办公室的舒适。他们喜欢把时间花在阅读报告、分析数据和内部会议上，却很少甚至根本就不会抽时间与销售团队进行沟通。他们就像是只想待在空调房间、身着西装革履指导球队的教练，而不是到现场或是球场上指挥球队比赛。因为从不离开办公室，所以，他们对潜在客户和现有客户的实际需求可能一无所知。

全能型销售经理非常"了不得"。这些销售领导者能在两难之间求得平衡：既能让其他公司高管看到销售团队的问题，又能在销售团队中沟通公司目标，并确保目标得到执行。他们擅长承上启下，赢得各方的信任和尊重。全能型销售经理善于在人和盈利的管理中找到平衡。

自我认知问题：你属于哪种类型的销售经理呢？你是否追求在满足公司战略目标与销售团队现实需求之间建立良好的平衡？你是否致力于为管理好上下级关系而学习必要的新技能？

走出办公室

很多年前，我在担任销售副总裁时，曾和一位顶级销售员出差，约见来自佛罗里达州的一位重要客户。她确实是位非常了不起的销售员。途中，她不止一次地询问，我们公司是否能围绕某些业务为客户提供捆绑方案。我已经被手头的事务压得喘不过气，于是，我不假思索地便做出习惯性回应："是的，确实是个好主意。"

在和客户的会面中，我问道，为什么不购买我们的某项具体服务？客户的回答是，因为我们的一家竞争对手提供了一种捆绑式销售方案。我随口说道，"哦，其实我们也有一款捆绑式销售方案。"但是，我永远不会忘记，我们的销售员在听到这句话时流露出的震惊表情。在回到公司办公室之后，我们就立即推出了捆绑式方案！对我来说，这次谈话绝对是一次再深刻不过的教训。当我亲耳听到、亲眼见到客户把业务转给我们的竞争对手时，我几乎停止了呼吸。这促使我意识到，我在自己的"白宫"（公司办公室）里花费了太多时间，而花在客户身上的时间却远远不够。

我感到非常难过，这也让我认识到陪同销售员一同拜访客户的重要性。

尽管我们确实很容易被其他方面的工作捆住手脚，但是，没有什么事比拜会给我们开支票的人（我们的客户）更重要。

销售流程和脚本

如果没有可复制的销售流程，销售领导者就不可能快速增加收入。想想，如果在没有设计图的情况下盖房子，会是什么情形呢？当汽车制造商极力鼓励员工应"随心所欲"时，还有多少人会义无反顾地购买它的汽车呢？遗憾的是，这样的场景每天都在形形色色的销售组织中上演着。

不妨研究一下职业球队这样的高绩效团队：当然，他们拥有长期从事这项运动的杰出队员，但每个伟大球队都会有一份脚本，并要求球员一丝不苟地研究和执行这套脚本。我们或许可以想象一番这样的场景：如果一个菜鸟球员走到教练面前说："嘿，我更习惯接受大学里教过的训练脚本。可以吗，教练？"猜想一下，教练会怎么回应他呢？答案不言自明，因为职业教练很清楚，你不可能用 20 本不同的脚本去训练球员。销售经理当然也没这个必要。

在我的经历里，不止一家公司会请来讨厌流程的销售经理，这些人当然不相信销售脚本的作用。在他们的手中，销售部门就像是狂野奔放的西部世界，在这里，没有任何用来赢得生意的约定标准或方法。每个销售员都在执行自己的脚本，结果自然也各不相同。没有明确的脚本会迫使销售团队自己去摸索。在这个过程中，很多销售员半途而废，造成组织增长停滞或人员频繁更换。

我的合作机构也曾有过接受销售流程的销售经理，但他们这样做只是因为不想成为被记录在案的反面典型。我当然不会责怪他们。这确实是件辛苦的差事，也是一份需要细致入微的工作。指导和培训确实有趣，但是在现实中，如果没有明确的销售流程，你就无法进行有效的指导和培训。

坚持以销售脚本为标准

丹·弗拉纳根是蓝色天空集团（BluSky）的首席销售官。这家公司让我们目睹了一个令人咋舌的成功故事：在 8 年时间里，公司收入从 2000 万美元增加到 2.25 亿美元，而且还有望突破 5 亿美元。

这家公司确实做出了很多正确的选择。首先，他们拥有优秀的销售文化：公司只聘用那些善于与他人合作并热爱学习的销售员，而且全力以赴地维护这种文化。他们深知团队的力量，并继续为务虚会和销售会上投入大笔资金，确保销售团队始终遵照综合销售手册的标准。

大学期间，丹曾挨家挨户推销西南公司印发的培训书籍，在那段时间，他体会到销售脚本的力量。西南公司要求新招聘员工学习这份培训脚本，而丹很快就发现，成功的销售员从不会偏离这份销售脚本的指导。这门课程的"辍学者"也想采用自己设计的脚本，但结果往往不尽如人意。在担任了首席销售官后，丹将这些早期经历运用到工作中，把组织的最佳销售实践编成教科书形式的培训手册。

利用销售管理资源会让你的努力事半功倍。在《出其不意的销售经理》（*The Accidental Sales Manager*）一书中，作者苏珊·帕林（Suzanne

Paling）和我们分享了很多精彩的管理工具及模板，它们无疑是入门级新手的最佳指南。有了它们，你不会孤单的。

运用自我认知及客观性测试问题：你对实施销售流程和系统的态度如何？你是否会花时间去记录脚本、问题、销售阶段和方法呢？你对可以衡量、调整并改变的销售流程是反对还是支持呢？（如果你不想实施和记录销售流程，那也没关系。你自行方便，可以选择保持现状，承担领导者角色，或是重返销售员的岗位。）

作为销售经理，首先要以身作则。尽管销售领导者是一个值得付出的岗位，但前提是，你承担的职责必须和自己的能力与动力相匹配。你不仅要善于运用自我认知的情商力，还要确保你确实想做一名销售主管。

在阅读本章之后，如果你的答案仍是肯定的，那太好了！让我们探究一下如何打造一支高绩效、高情商的销售团队。对此，我们将在本书中探讨如下三个领域：

1. 聘用和选拔高情商的销售员。
2. 指导销售团队掌握赢得和保留业务所需软技能的工具和秘诀。
3. 打造能帮我们成为高效销售导师和领导者所需要的关键情商力。

第 2 部分

成功的唯一前提
——聘用有销售情商的人

我坚信，没有什么是比聘用和培养人才更重要的事情。归根结底，你的赌注应该是人，而不是策略。

——劳伦斯·波西迪（Lawrence Bossidy）

在高智商的人群中，自律、动机和共情等软技能是那些脱颖而出者的标志。

——丹尼尔·戈尔曼（Daniel Goleman）

第三章

销售天才的选秀日

好吧，假设你已经做出决定，决然面对销售领导力带来的挑战和回报。你已经认识到，带领和指导销售团队所需要的技能与优秀销售员的必备技能截然不同。销售领导者需要的技能包括培训和指导、提供反馈、执行责任制以及召集有效的销售会议等。在随后的章节中，我们将进一步讨论这些技能，不过，我们首先还是谈谈你必须掌握的另一种销售管理技能。没有这个技能，其他的所有努力都将归于无效。

学会如何招募优秀的销售员。这是决定一名销售领导者成败的基本要素。人员聘用的一个黄金法则就是："以往的行为是预测未来销售成果的最佳指标。"这是一个值得倡导的基本规则。但选拔销售人才还须坚持另一个规则：以情商作为面试和聘用的标准。

在我们的销售管理人员招聘实务培训课程中，我会使用一个非常有趣的练习作为开场——"你招聘的最糟糕的销售员"。图 3 - 1 显示了导致招聘失败的典型要素。

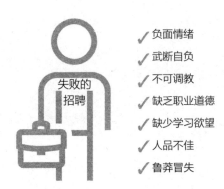

失败的招聘

✓ 负面情绪
✓ 武断自负
✓ 不可调教
✓ 缺乏职业道德
✓ 缺少学习欲望
✓ 人品不佳
✓ 鲁莽冒失

图 3 - 1   导致招聘失败的典型要素

在参与者分享的这些特征中，90% 与销售技能无关，因此，这项练习会给大家带来一段轻松愉快的时刻。行动失败和文化错配现象往往源自缺乏必要的软技能——情商力。

销售情商与销售智商

在协助销售机构完善招聘流程的过程中，我们发现，很多公司只关注那些在硬技能指标上满足要求的候选人——也就是说，销售智商方面的匹配性是他们唯一考量的标准。这种能力既包括从事销售行业的年限，也有特定行业的从业经历，还有销售员成交的交易规模。这些标准固然非常重要——它们确实是人员选聘中不可或缺的能力指标。

但同样重要的，还有考察情商力（EQ）的面试和测试，如果你真心想创建一支优秀的销售团队和良好的销售文化，那就一定要认真对待面试，筛除那些与企业文化不相匹配的应聘者，认真考虑聘用高情商的销售员。

大家都听过"一颗坏苹果搅坏一顿饭"这句话。这可不是一句让人开心的谚语。研究表明，人们总是习惯于被其他人的情绪所感染，这就是所谓的"情感传染"。如果你聘用一个尖酸刻薄、油嘴滑舌、善于为自己找借口的人，或者说，一个糟糕的团队合作者，那么，你无疑是在把一种消极的病毒注入你的销售文化中，而且这还是一种易于迅速传播的病毒。

坏苹果

在20多岁的时候，我曾在内布拉斯加州的一家连锁店做采购员。我们始终享受着愉快而和谐的团队环境，但这一切都因为贝丝女士的到来而毁于一旦。最开始，贝丝似乎还给我们带来了很多乐趣。但是，她渐渐开始挑剔周围所有的人和事情。她抱怨我们的老板、公司政策以及出差规定。遗憾的是，没过多久，其他人也陆续加入了她的唱衰行列。每个工作日，我们的耳边都回响着这些人的抱怨声，昔日的精力充沛和幽默氛围荡然无存。大家关注的焦点也逐渐转移到公司的各种缺陷和不足方面，而不是公司已经拥有的好事物。随着消极情绪的不断滋生蔓延，员工的分歧随之而来。回头看这件事，我多么希望自己有足够高的情商力，认识到自己正在感染一种病毒——陷入抱怨、不满和无病呻吟而无法自拔。这样的团队成员就是一颗坏苹果，它确实可以破坏一种良好的组织文化。

选人就是一次《选秀日》

我和丈夫都喜欢看电影。那种能带来超越和娱乐的电影情节尤其让我们着迷。在看电影时，我发现，很多情节也可以用到销售和销售管理中。

对所有试图改进聘用效果的销售经理，我都推荐他们看一下影片《选秀日》（*Draft Day*）。剧中，凯文·科斯特纳（Kevin Costner）扮演了克利夫兰"布朗"队的总经理桑尼·韦弗。电影围绕即将到来的美国全国橄榄球联盟选秀日展开，描述了他的球队在获得第一顺位选秀权后的种种经历。所有人都应该为此而欣喜若狂，对吗？并非如此，当时桑尼指派教练团队去了解这位才华横溢的四分卫还缺乏"什么东西"，桑尼把他的选人理念分享给自己的教练组成员："每个人都会缺少点'什么东西'，都会有需要努力改进的'什么东西'。因此，我需要你们找到候选人的缺点，再看看我们能否忍受这些缺点。"

于是，桑尼·韦弗对情商（EQ）技能进行了真实性测试。所谓的真实性测试（reality testing），就是根据本来面目而非外界期望对事物做出判断。很多人都犯过这样的错误：仅仅是因为喜欢某个应聘者，就不再寻找他们身上存在的缺点。实际上，我们与应聘者的"恋爱"，会人为缩短必要的招聘过程。

桑尼寻找"什么东西"的这种思维模式，也是所有销售经理在聘用环节应该采用的最佳实践。销售负责人的职责是聘用员工，并与之并肩工作。我最后再澄清一次：人无完人。人总会有这样那样的缺点和盲点。在面试应聘者时，我们还须继续回答图 3-2 中的三个问题。

- 应聘者的缺点是什么？
- 我能否忍受这些缺点？
- 我是否有时间、耐心和资源去帮助销售员改进这些缺点？

图 3-2　面试应聘者的三个问题

明确你的底线

戴夫·拉姆齐（Dave Ramsey）是一家百万美元级公司的首席执行官，还是一名电台节目主持人，并著有《创业领导力》（*EntreLeadership*）一书。在这本书中，拉姆齐分享了成功聘用员工的 12 个步骤。他首先鼓励读者，一定彻底搞清自己的核心价值观，或者说，要在不容妥协的底线上绝不动摇。在他的公司中，一个不容妥协的最低要求就是必须具备强烈的职业道德感。用拉姆齐的话来说，"懒惰不是一种个性风格，而是一个性格缺陷。"

不妨设想一下，在当下的商业世界中，招聘拥有崇高职业道德的人会遇到哪些困难。大多数公司似乎掩盖了对职业道德的渴望。在他们的招聘广告中，充斥了星期五啤酒晚宴或是提供乒乓球设施之类的享受承诺。因此，他们只能吸引到喜欢迟到早退的销售员，这也就不足为奇了。销售员会觉得，他们面试的对象是一家悠闲懒散的休闲中心，而不是一家期待和鼓励良好职业道德的公司。

前美国国家橄榄球联盟"超级碗"球队教练托尼·邓吉（Tony Dungy）对底线的不可逾越性做出了精辟表述。在《一年之久的非凡挑战》（*The One Year Uncommon Life Daily Challenge*）一书中，邓吉谈到他担任印第安纳波利斯小马队教练时采取的选秀评估过程。一名球员可能拥有丰富的比赛经验、运动才华和高超的技术，也就是说，他拥有与球队完全匹配的全部硬性能力。即便具备所有这些优秀品质，但只要候选人评估表姓名的旁边标注有"DNDC"这个标记，他依旧有可能被放弃。"DNDC"的含义是"因性格不适而落选"。邓吉及其团队在不容妥协的底线这个问题上非常明确。对邓吉教练来说，性格品质这样的软实力与踢球技术同等重要。他和自己的同事在一件事上高度统一：绝不吸收缺乏诚信正直精神的球员。

在创建招聘脚本时，我们会敦促客户，必须明确哪些是他们不容妥协的标准。要厘清这些不容妥协的标准，首先需要自我认知和自我反省。我们从小就学习长大后要做一个好人。而好人宁愿相信他人无辜，也不愿怀疑别人有过。这种思维往往会导致销售领导者做出错误决定，让公司在淘汰未通过基本标准测试的应聘者时犹豫不决。

作为一名销售主管，你要切记，这是你的销售组织。所以，务必要弄清楚什么对你来说是最重要的。你可能会觉得自己是个好人。但一旦销售员突破不容妥协的底线，你也会像我一样，"善"的一面就会在顷刻间荡然无存。这不是销售员的错，而是我自己的错误，因为在招聘过程中，我没有遵守自己的基本原则。

每个销售组织都有自己独有的行为价值取向，在公司生命周期不同阶段为获得成功所需要的能力也不同，因此，每个销售组织不容妥协的标准也是各自不同的。同样，销售领导者也会有不同的领导风格，因此，对他们而言，所谓最重要的"什么东西"自然也不尽相同。

运用自我认知和真实性测试问题。彻底厘清你不容妥协的底线是什么，明确你会接受或拒绝什么样的应聘者。

警报、火灾与自我认知

当销售领导者忽略所谓的"什么东西"时，就会对它们熟视无睹。

除了我以外，难道就没有人因忽视警报而感到后悔吗？肯定不只有我：在聘用了某个销售员之后，最初的警报演变成一场大火！

这就需要我们学会发挥自我认知这种情商力。我们或许还没有意识到，有些东西是无法改变的。在反思以前招聘过程中犯过的一些错误时，我认识到，诸多原因促使我们对危险的信号视而不见：

- **过度疲劳**。我已经筋疲力尽，不知所措，而且急需帮助。由于在寻找、面试应聘者以及向推荐人了解情况方面花费的时间有限，因此，即使出现警报，我依旧不想认真推敲。

- **没有遵从自己的原则**。获取销售员的后备资源已经枯竭，因此，我会饥不择食，任何一个应聘者都会让我感到满足！

- **情感迷恋**。面对一个拥有迷人个性的应聘者，我们很容易会不加思考地陷入情感迷恋。这段迷恋会导致我们对原本不可妥协的最低标准进行掩饰或淡化。我主张的一个最低标准，就是聘用善于学习者。我记得曾聘用过一名极具人格魅力的销售员。在面试过程中，我问及他对一本最新商业畅销书的看法。他笑着说："哎，我觉得我在这个问题上只能得到'F'。因为我一直忙着销售，所以，根本就没有时间看书。"我接受了他的回答，而且觉得这个理由还说得过去。当然，他确实是在做销售，而且也做成了很多笔生意！但是现在，他需要在一家销售培训机构任职，那么，他就必须改变自己的生活和工作方式！但他并没有为此做出任何调整。如果你确实容易在这个过程中"坠入爱河"，那么，你就有可能把不符合要求的人纳入自己的团队中！一个拥有强大分析能力的人或许是人员招聘中最有价值的资产，因为他总能在面试沟通中挖掘到有价值的线索。

- **以直觉替代逻辑。**你或许已经对应聘者产生了厌恶之情。但你却无法找到究竟是什么让你感到不适。由于找不到充分证据，某些销售领导者就会在拒绝应聘者时犹豫不决。毕竟，他们希望自己能在选择过程中做到公平公正。此时，不妨听听我的一位心理学家朋友是如何考虑的："千万不要等着用证据来验证你的直觉。"

我的同事贝丝·史密斯（Beth Smith）曾著有《为什么我不能雇到好员工》（*Why Can't I Hire Good People*）一书。在书中，她用一个很好的类比阐述了忽略"什么东西"这个问题：

这就像把一块小卵石放在你的鞋子里。起初可能感觉还不错，但是在穿这双鞋行走数小时之后，这块小卵石就会让你感到难以忍受。几天后，你会感觉它就像是一块大石头，会让你受到伤害。如果你聘用了错误的人，也会发生这样的情况。最初只会让你体会到貌似微不足道的刺激，最终就会变成鞋子里的大石头。

那么，你忽略的鹅卵石和危险信号是什么呢？

请记住，在销售管理领域，地狱与天堂之间的最大差异就在于，你能否让合适的人登上你的这辆销售巴士。因此，务必弄清你最关心的是"什么东西"。不要忽略可能会招致火灾的警告。在聘用销售员时，一定要运用自我认知，当心你的盲点。

■ 针对销售主管的情商行动步骤 ✎

1. 查看目前执行的招聘流程，重新核对面试问题。你是否通过这些步骤和问题了解应聘者的销售情商（Sales EQ）和顾问式销售智商（Sales IQ）？

2. 明确不可妥协的最低标准。合理设计面试问题，问题应明确反映应聘者是否具有这些品质。

3. 对以前招聘的不合格员工进行分析，确定你在招聘过程中忽略了哪些危险信号。直面一个最棘手的问题——你为什么会忽略这些危险信号。它们往往是你在不经意间会一犯再犯的错误。

第四章 04

棉花糖掠夺者
与饼干怪兽

1960 年，沃尔特·米歇尔（Walter Mischel）博士出版了《棉花糖实验：自控力养成圣经》（*The Marshmallow Test，Why Self-Control Is the Engine of Success*）一书，他也因为所谓的"棉花糖研究"这一课题而名声大噪。米歇尔及其所在的斯坦福大学研究小组对人的意志力，尤其是延迟满足感的能力进行了研究，并分析了这种能力对人的未来成功会有什么影响。该研究项目选择的对象均为 4 岁的孩子。在这项研究中，米歇尔及其团队把一种美味食品（通常是棉花糖）放在孩子们面前，并告诉他们，如果谁能忍住诱惑而不吃掉这块棉花糖，那么，就可以再得到一块棉花糖，以此来测试孩子的自我控制能力。他们发现，拥有较强自我控制能力，没有立即吃掉棉花糖的孩子，在后来的工作和个人生活中取得了更大的成功。

多年后，米歇尔博士受邀为《芝麻街》（Sesame Workshop）的教育研究栏目提供咨询。他与《芝麻街》团队合作创作了一些节目，针对自控力训练的重要性话题提供培训。他们的目标就是引导年轻观众学会如何进行自我控制，特别是在困难条件下。

在节目中表现这一主题的主角是"饼干怪兽"，这个蓝色玩偶最有名的一句话，就是经常挂在嘴边的"我想要饼干"。在没有饼干时，饥不择食的饼干怪兽几乎会吃掉身边的所有东西，甚至包括很多不能吃的东西。这个角色所传递的形象特征就是较低的自我控制力和无法推迟的满足感。

在看到这个角色时，我禁不住大声笑了出来，因为在销售行业中，所有人的身上或多或少都有饼干怪兽的特征。"我现在就需要一个完整的销售渠道。我现在就想做成一笔生意。我现在就想成为销售大师。"

那么，饼干怪兽和即时满足感与聘用优秀销售员之间到底有什么关系呢？很多。

推迟满足与销售结果

在面试销售员应聘者时，应充分考察销售员的自我控制能力和延迟满足的能力。因为只有具备这些特征的销售员，才能专心工作，创造出成功的销售业绩。而青睐即时满足的销售员总是在说，"我现在就想得到"，他们很难坚持到底，很难通过自身努力去实现目标。他们更习惯于去寻找一夜成功的人生捷径。

如果你聘用的是饼干怪兽或是棉花糖掠夺者，就会对销售流程的诸多领域造成负面影响。与销售团队合作时，我最经常看到如下四个情况：

潜在客户调查。从首次接触到最终成交，公司的销售周期通常在 6 到 9 个月之间。你正在招募新员工，制订扩大销售渠道所需要的销售活动计划。

你新招募的销售员有充分的成功欲望。在前三个月里，他们连续实现了预定的各项销售业务指标。尽管交易按规定销售流程顺利进行，但尚无业务成交。虽然销售员知道，完整的销售周期通常在6到9个月之间，但他们难以摆脱成功之前的沮丧感以及对即时满足的欲望。此时，"我现在就想做成一笔生意"的愿望和与之相应的销售行为不期而至。

他们开始频繁采取能带来即时满足感的无效销售行为。此时，他们会查看自己的社交媒体网站，寻找来自无法或不愿与之合作的陌生人的点赞和评论。他们会与其他追求即时满足的销售员一起喝咖啡聊天，吐槽销售职业中的困难。这种相互交流为彼此未做好潜在客户的调查工作找到借口："我负责的地域确实很糟糕。"

追求即时满足感的销售员当然喜欢能带来即时满足感的调查方式。编写有说服力的定制化调查信息显然需要花费一定的时间和精力。但追求即时满足的销售员则会陷入"我现在就想做成一笔生意"的思维。他们会寻找简单直接的业务路径，在外出调查过程中，会采用放之四海而皆准的通用性价值主张及方法。他们根本就不会花时间去设计针对具体买家的方案。而缺乏针对性的努力只会带来令人沮丧的结果，因为忙碌的潜在客户希望销售员能马上证明，他们知晓和理解这项业务的挑战和目标。

吉米·马洛伊是我的客户，也是一位非常成功的理财规划师。我曾向他请教成功的秘诀。他笑了笑，脸上露出爱尔兰人特有的笑容。"这很简单。你怎么都逃不过第一年的煎熬。而大多数销售员都不会在第一年倾力投入。"

销售技能的培育。推迟满足是掌握新销售技巧和习惯的基本前提。杰出的销售员喜欢在实践中探索。因此，他们才能在销售会议上展现出自信、轻松以及对未来的把握。他们之所以会全力以赴，是因为他们完全清楚接下来应采取的销售行为，或是应该提出的问题。他们对下一个问题一清二楚，因为他们已经进行了充分的练习和角色扮演。而熟练掌握销售技巧，会让销售员能真正地去倾听，而不是在没有听到潜在客户回答上一个问题之前，便一厢情愿地设计出下一个问题。

尚需雕琢的璞玉

我还记得早年从事这项业务时遇到的一位客户。拉尔夫就是我们所说的那种还有待打磨的粗人，他绝对谈不上周全细致。但拉尔夫所缺乏的东西，他用了推迟满足方面的技巧进行了弥补。他始终在为取得成功而勤奋工作。在参加我们的研讨会时，他会有备而来，提出有深度的问题，针对即将举行的销售会或是以前的销售研讨征求建议。最重要的是，他会主动申请获得培训指导。

他会不断地练习、练习、再练习。看到这个粗糙璞玉般的销售员逐渐变成一枚晶莹剔透的钻石，并成为这家公司的顶级销售员，无疑是件令人欣慰的事情。

追求即时满足的销售员只精于取得乏善可陈的平庸业绩，因为他们根本就不会通过努力去掌握销售技巧。聘用这种以实现平均水平为己任的销售员，注定会让你付出代价，因为当下的客户确实有着太多的选择。他们当然不会给这些平庸者以任何机会。

大客户推销。我注意到，很多销售经理会把宝贵时间浪费在培训和指导"饼干怪兽"式销售员学习大客户销售技巧。

出色的销售培训应始终以发现购买影响力以及如何开展全面周到的销售对话为中心。他们的讨论通常围绕最优方法和策略而展开，探讨如何打败市场的现有占领者，还可以进行集思广益的头脑风暴式会议，讨论如何顺利开展上门推销。

但现实是，要猎取大客户，就需要学会等待和推迟满足感的技巧。销售员需要在拜访大客户之前进行详细的规划，弄清楚买家的购买背景。争取大客户需要和众多决策者进行反复交流。出于交易的规模或复杂性，因此，大客户往往需要更长的时间才能达成交易。

尽管追求即时满足的销售员也知道，他们能从销售经理提供的高质量培训中得到很多收获，但他们还是会继续围猎小生意，因为这样的项目更容易取得成果，因而可以让他们立即获得满足感，以及"我现在就想做成一笔生意"的愿望。如果你需要自己的团队能争取到更大业务，那么，销售负责人在面试应聘者时，就应该考虑他们在推迟满足感方面的能力。

跳槽。雪莉是一位销售经理，她现在正在翻阅一堆销售员的应聘简历。她注意到，很多销售员应聘者每两年就会更换一次工作。但她还听说，销售员不会长期待在一家公司。很多销售员在职业生涯中就职的公司甚至多达 13 家。像很多销售经理一样，雪莉也很想知道，是否应该接受频繁的跳槽者。

千万不要勉强自己。

忘记你在互联网上看到的，从意见领袖那里听到或是在文章中读到的东西吧！他们或许一生从未聘用过销售员！或者说，他们已经被即时满足感所俘获，对业绩平庸的销售员感到习以为常。

跳槽的销售员往往属于追求即时满足感的人。只要遇到困难，他们就会一走了之！在这些人生活的世界里，"栅栏另一侧的草永远比这一侧更青葱繁茂"。因此，他们永远也不会通过自身努力让现有公司的草变得更青葱翠绿。

当然，我不打算与各位讨论这方面的研究成果。相反，我倒是希望大家学会使用人生的常识和自己的生活经验。回顾一下身边最成功的客户和同事，在他们当中，有多少人是跳槽狂人呢？答案显而易见——是零。

但是，请等等，科林。你肯定是老学究了，时代已经变化了。新一代人早已不再这样了。真的吗？如果马克·扎克伯格在创建公司两年后就决定跳槽，他还能缔造出脸书吗？优秀运动员是否会因新职业的呼唤而每两年就选择转行，从橄榄球转到篮球，再转到田径赛场吗？

要学会从客户的角度看问题。客户当然不喜欢每年都要和新销售员打交道，每次都要重新开展交流并建立关系。信任和关系是随着时间的推移而形成的。追求即时满足的销售员永远不会投入时间去培育长期客户关系。

那么，这个关于跳槽的观点是否也有例外呢？当然有，二十几岁的年轻销售专业人员就是一个例外。他们的第一份工作往往是内部销售或业务开发，而且这些岗位大多是为只有两年经验的新人设置的。如果一家公司没有为雄心勃勃的年轻销售员提供值得期待的职业道路，那么，他们注定会转向能带来更好职业前景的组织。

回想一下你的 20 多岁。你在 20 多岁时或许就已经换过几份工作了。毕竟，这是我们探索职业发展方向的十年。这种情况早已不是什么新鲜事。在 20 多岁的时候，我就已经从事过四种不同的工作，最后，我才选择了销售这份回报可观的职业，并在一家优秀的公司中工作了 10 年。

因此，必须要审核新员工在推迟满足方面的能力。避免聘用"棉花糖掠夺者"或是"饼干怪兽"类型的销售员。

■ 针对销售情商的面试问题 🖋

1. 你如何规划未来一周的工作？（积极主动的规划当然需要花费时间。只有努力地投入工作，才能确保未来一周的工作顺利进行。）

2. 你通过自身努力实现的最艰难目标是什么？是什么因素导致这些任务如此艰难？你为实现这个目标奋斗了多长时间？

3. 为我介绍一下你掌握的某种技能。你是如何掌握这项技能的？你花了多少个小时练习才掌握这项技能？

4. 你完成的最大一笔生意是多少钱？你为完成这笔生意花了多少时间？你在实现这笔生意的过程中遇到了哪些障碍？

5. 举一个你放弃实现目标的例子。你为争取这个目标已花费了多长时间？

6. 介绍一下你在准备与新潜在客户会面时，如何提前规划你的拜访策略？或者说，你准备如何向客户推销公司的新业务？

7. 那些掌握了最新技能和知识的人是怎样做的？

聘用具有推迟满足能力的销售员，避免聘用"饼干怪兽"和"棉花糖掠夺者"的销售员。你需要的销售员，应该是愿意为实现完美销售、收获巨大回报而努力工作的人。

第五章

激情、毅力
与销售绩效

几年前，我曾和一位成功的销售培训界同仁进行过交流。当时，皮特刚刚接受一项新任务，目标是完成一笔价额高达 10 万美元的交易。来到公司之后，潜在新客户便不住地道歉，并告诉他，公司已决定整体出售。

我问，"嗯……那你是怎样做的呢？"

他的回应一针见血，"有些人会继续努力，有些人会选择退出。实际上，这次未达成的交易确实给我带来了教训，告诉我如何在下一笔交易中做得更好。"我们没有时间去唉声叹气，怨天尤人，或是谈论"为什么是我"这样毫无意义的假设。

关键就是耐性，就是毅力，就是成功。

皮特儿时的经历让我们唏嘘不已。在他的成长经历中，有一个嗜酒如命的父亲。皮特在很小的时候就已成为家庭支柱，无论是精神方面，还是物质方面，他都是"一家之主"。如果用一张图表来衡量一个人的耐性和毅力，那么，这位同行的得分或许会远高于这张图表的上限。艰辛的童年让他培养出坚韧不拔的超强毅力。

让人敬佩的是，他从未对缺失快乐的童年而怨恨和痛苦，因为他天生拥有乐观的情商力。他不止一次地告诉大家，艰难的成长是天赐的礼物。正是那段艰辛的童年经历，赋予他韧性和毅力这一最宝贵的礼物。

因此，你可能会感到奇怪：销售经理是否应该只聘用那些来自家境贫寒、家庭破裂或是背景艰辛的销售员？答案是否定的。但我认为，销售经理还是要把眼光集中到那些拥有超强毅力和耐性的应聘者身上。

这些品质通常是在童年时期形成的，而在进入成年后就很难再培养了。销售主管根本就不可能拥有开发这些基本品质的时间或能力。

韧性与收入

早在1997年，最早研究韧性的保罗·史托兹（Paul Stoltz）出版了《逆商：将障碍转化为机会》（*Adversity Quotient*，*Turning Obstacles into Opportunities*）一书。这绝对是一本精彩纷呈的传世佳作。他在书中与读者分享了19年的研究历程与10年的实战经验，从而为我们解答了一个根本问题："为什么有些人能坚持到底，而有些人却只能以失败或放弃而告终？。"

如果你担任销售领导岗位的时间足够长，那么，就很有可能聘请过本应成功但却未能最终取得成功的销售员。他们的简历看上去光鲜亮丽。在面试中，销售员的表现让人们丝毫不会怀疑——他们注定会成为职场上的赢家。销售经理在面试过程中经常忽略的一个关注点，就是销售员承受压力与克服逆境的能力。史托兹把这种能力称为"逆商"。

我也遇到过很多简历令人惊叹的销售员，但他们却在转到另一个销售组织后遭遇完败。或许是因为新的销售环境比销售员以前经历的环境更恶劣，或许是因为新的销售职位需要更强大的韧性和毅力。

韧性的价值

几年前，我的客户聘请了一位具有明星销售资历的销售员。但这位顶级销售员最终却惨遭滑铁卢。倒不是因为她缺乏销售天赋，她缺乏的只是韧性，或者说，坚持不懈的精神。

在前一家公司中，这位明星销售员出售的是拥有知名品牌的产品。而我的客户公司显然没有这样的知名品牌，因此，要接触潜在客户自然困难得多。明星销售员之前令人惊叹的业绩来自必需品的销售，而且还是一种有使用期限且不断更新的产品。而这家客户经营的则是高端管理咨询服务，尽管这是一种需要技术含量的高品质服务，但由于无使用期限，因此，很容易会让潜在用户犹豫不决。

这位销售员感到非常沮丧。但她又不愿通过继续努力去学习如何向新买家出售产品，于是，她在新公司工作不到一年之后便拱手告辞。通过这件事，我的客户也深刻地意识到，以往的销售经验未必总能转化为未来的销售成功。在随后进行的销售员招聘中，她开始在面试中有意识地对韧性能力进行深入了解。她深知，她需要的是一个能百折不挠的销售员。

你要打造的是一个培训营地，还是一个高绩效的销售团队？

在《逆商》一书中，史托兹描述了三种类型的人：半途而废者、度假露营者和不懈攀登者。在这里，我们可以借用他的描述，并把这些概念应用于优秀销售员的招聘过程。

半途而废者是拒绝改变的人。这样的销售员会严重破坏销售文化，因为他们在困难面前往往会沮丧气馁。结果，他们会感染团队的其他成员，让其他人也陷入同样的痛苦。这些销售员会放弃目标，拒绝"攀爬"。如果有可能的话，真希望在电话筛选面试人时就不会遇到这种类型的人。

按照史托兹的定义，度假露营者是那些喜欢在生活、工作中得过且过的人。在某些时候，他们以前或许也是一个不懈攀登者，只是后来才对攀登感到厌倦。这些人开始随遇而安，并满足于"知足者常乐"。他们会觉得，自己在业务开发方面的努力已经足够了，他们的销售技能也不错，而且销售业绩也还说得过去。毋庸置疑，度假露营式销售员注定会丧失学习和成长的欲望。

这些人会对管理感到灰心丧气，因为他们原本只是想安分守己，得过且过。作为销售员，度假露营者会表现出如下特征：

- 总能完成任务，但从不会取得令人振奋的成功。销售经理需要清楚的是，他们在工作中追求的到底是自我满足，还是销售事业。
- 能表现出一定程度的主动性和积极性，但永远不足以给他们的销售成果或销售组织带来实质性改变。
- 只能承担有限风险。尽管销售经理会培育和指导自己的销售员学会如何拜访新客户，或是尝试新做法，但度假露营者最终还是会屈服于对舒适性的渴求。尽管销售经理始终对他们谆谆教导，但这样的销售员只会我行我素，做自己习惯和喜欢做的事情。

销售经理很容易会接受以前曾是攀登者的度假者。毕竟，在他们的简历中，以往的成就和销售奖项历历在目。他们可能是在这个行业中浸淫已久的老牌销售员，拥有丰富的业务关系和渠道。但是，他们中的很多人根本不愿意学习新销售方法和策略。虽然他们有业务关系，但却厌倦客户开发和业务开发。他们只关心维护现有的客户关系。年轻的销售专员也可能会成为度假型销售员。他们缺乏学习和进步的内在动力。这种类型销售员的工作动力就是追求舒适，而不是克服困难，不懈攀登。

一旦销售经理错误地吸收了度假型销售员，就会让他们的团队变成度假休闲的露营地。这里到处都是温馨和煦的篝火，他们坐在篝火旁，品尝美味点心，高谈阔论昔日的美好时光。

因此，销售领导者的真正目标就是寻找和聘用史托兹所说的不懈攀登者。这些人对生活、学习和进步充满激情与渴望。史托兹的研究表明，无论身处什么职务，不懈攀登者给组织带来的贡献都是最大的。

攀登者明白，逆境只是生活的一部分。而在销售这个行当中，只会遇到更多的逆境，譬如：

- 销售员已经为一个商机奋斗了两年，但现在依旧停滞不前，因为新的决策者进入这家潜在客户公司，而且正在考虑把原公司的供应商带到这家新公司。
- 在努力过程的某个时段，销售员听到的批评和反对可能远远多于赞成和鼓励。
- 某种新产品的上市遭遇惨败，而在销售员的目标任务中，有25%依赖于这种新产品的销售。
- 潜在客户的预算突然削减，相应地，销售员的销售额也不得不减少。
- 尽管销售员通过千辛万苦终于拿到订单，但最终却发现，新客户刁蛮难缠，带来的完全是一场噩梦。

因此，一定要找到能持之以恒、持续攀登并追求持续改进的销售员。这样的销售员更善于应对工作和生活中的障碍。

销售行业的攀登者

我在一次社交活动中认识了萨曼莎。萨曼莎年轻漂亮，聪明伶俐，而且是一名攀登型销售员。在我们进行交谈时，她谈到最初进入这个行当时的兴奋，她是从一家快速成长的小公司开始从事这份工作的。"对我来说，这是一个很好的机会，因为我才刚刚开始接触销售。唯一的缺点，就是公司的销售经理同时还要兼任 CEO，他确实很忙，所以，也没有机会给我太多的指导。"说到这，她的眼睛眯了起来，但笑得似乎更开心。"但我还是想办法找到一种接受培训的方法。他每天早上 6 点半来到办公室。因此，我每周会有两天会在早晨 7 点来到公司，让他拿出 15 分钟的时间。每次，我都会安排好讨论的内容，事先准备好自己的问题，这样，他每次都可以给我上一堂简短而有成效的销售课。"

这就是一个典型的攀登型销售员。设想一下，对这位年轻的销售专业人员来说，扔下一块写着"我辞职"的毛巾是多么容易的事情。很多人只会抱怨没有得到应有的培训和指导，而萨曼莎却凭借坚韧和毅力克服了这些困难。她每天定好闹钟，早早地起床，出门上班，尽可能从事务忙碌的主管那里得到更多的指导。

有一句话蕴意深刻："如果想打水，不要挖六口一米深的井，你得挖一口六米深的井。"

缺乏毅力的销售员往往会挖很多口一米深的井。因此，他们属于度假露营型的销售员。

- 他们也会练习一点销售技巧，但永远不会达到炉火纯青的地步。
- 他们也会掌握一定的产品知识，但只够让他们得过且过，远不足以让他们成为行业中炙手可热的专家。
- 他们会开展一些销售活动，但远不是足以达到能创造出完整销售链条的持续性活动。
- 挖一口深井当然需要毅力。它需要的是攀登型销售员。

毅力、乐观与回报

乐观是一种非常重要的情商力，但有时也会培养出一种过分热情，甚至是超越现实的销售员。对此，史蒂文·斯坦（Steven J. Stein）和霍华德·布克（Howard E. Book）在《情商优势：情商与成功》（*The EQ Edge*）一书中再次对乐观情绪做出了精彩评析：

乐观并不是沉迷于无休止的鼓舞，或者只是不断重复对自己有利的事情。相反，它是一种能力，可以防止我们思考或谈论对自己和周围环境有破坏性的元素，尤其是在遭受个人挫折的情况下，尤为如此。真正的乐观情绪让我们以全面、充满希望，但却不脱离现实的方式去认识和对待人生。

人生总是充满了形形色色的失望、挫折和逆境。你会发现，所有杰出人士都曾遭遇过各种各样的逆境，CEO 也不例外。不同之处在于他们对逆境的态度。这些成功人士会以感恩之心对待逆境，他们会说："逆境让我变得更加善解人意。我知道自己能做到，因为我能克服横亘在面前的挫折。"

心理学家马丁·塞利格曼（Martin Seligman）以其对乐观情绪的研

究而闻名。我在自己的第一本书里就已经分享过他的研究结果：和有悲观心理倾向的保险销售员相比，乐观型保险销售员的业绩要高出88%。

塞利格曼的研究广泛表明，乐观的人更有能力应对逆境，因为他们会从不同的视角去解读生活。在他们的世界观中，挫折是暂时的，是有限的。而悲观者则会采取截然不同的视角，在他们的思维中，挫折是永久的，而且是无处不在的。

面对乐观型销售员和悲观型销售员时，你会在他们的自我暗示及信仰体系中听到完全不同的声音。在经历低迷时，乐观型销售员会把这些困难当作暂时的挫折，而非永久失败。

"这只是暂时的挫折。我早就经历过，而且我知道该怎么做。我有能力让自己的销售业绩重回正轨。"

悲观的销售员则会陷入另一种类型的销售行为和自我暗示中，在他们看来，问题是永久性，而且无法逃避。

"对这种情况，我无能为力。没有一个潜在客户购买我们的产品。经济形势永远也不会好转。"

对于缺少乐观精神的销售员，当失望情绪袭来时，他们很难打起精神，重整旗鼓。他们会在几周的时间里情绪低落，毫无斗志，因为他们的身上缺少"韧性"这个东西。设想一名因为传球被拦截而需要长时间调整的四分位。他恐怕再也没机会上场了！因为聘用的销售员被打入冷宫而无法振作起来，或是在经历艰难的销售谈判后就打算放弃，每年给销售组织带来的损失高达成千上万美元。

一定要寻找并聘用乐观型销售员。这种人不难辨认，因为他们就是那些总能看到杯子半满，而不是半空的人，他们总能在困难面前看到事物美好的一面。

你的销售员候选人在关注什么

我的唯一目的就是让销售领导者生活得更轻松。如果销售经理聘用的销售员有强大的自制力，那么，他们的生活自然会变得更轻松。人们经常把这个规律描述为一种信念：生活的成功归集于一个人的自身努力，而不是外部环境。

早在 20 世纪 50 年代，美国心理学家朱利安·罗特（Julian Rotter）就通过研究表明，强调内部控制观的人认为，尽管外部因素的影响不可忽视，但他们依旧能控制事情的结果。在这项研究以后，陆续又有其他研究表明，具有较高内控观的人会有更高的工作效率和工作质量。此外，他们还享有更高的职业满意度。无疑，这也是聘用优秀销售员的一个成功法则。

坚持内控观的销售员会向自己的内心寻求答案和解决方案。如果公司不能提供足够的客户线索，他们会身先士卒，想方设法填补公司的销售漏斗。如果公司没有建立相应的系统和流程，他们会独自设计并执行合适的系统和流程，确保完成任务。

具有外部控制观的销售员则是推卸责任的高手。他们擅长寻找外部因素，并把未能取得成功的罪魁祸首归咎于外在力量。这种类型的销售员都有一种受害心理，他们坚信，生活对他们是不公的。因此，他们对自己的结果或行为会采取不负责任的态度。心理学中把这种心态被定义为"习得性无助感"，这是一种认为个人行为无关紧要的内心信念。这种信念会迅速削弱一个人的控制感和主人翁意识。

管理这样的销售员会让人心力交瘁。持有外控观的销售员善于把他们的销售经理变成马戏团的演员。有人在第一排座位上看过马戏吗？销售经理殚精竭虑，绕着表演场不断飞奔，试图满足销售员对更多"外部"资源的需求。然而，随着他跑完一圈，又跑一圈，他的销售员也开始索取越来越多的资源。这场马戏表演永无止境，因为这种类型的销售员从不想为自己的成功真正付出。

作为销售经理，你的职责就是尽快识别和放弃这种类型的销售员。实际上，识别他们并不难，因为外控型销售员的一个主要特征就是喜欢怨天尤人，把失败归咎于外部因素（见图5-1）。

……倒霉的事情还有一大堆

图5-1　常见的外部因素

但你认真地想过吗？这些倒霉的事情为什么总是出现在他们身上？因为他们自己才是真正的问题！

当然，我完全支持这样的观点：领导者必须为销售员消除障碍并取得成功提供必要的资源。但是在生活和工作中，遭遇障碍和资源不足确实是不可避免的事情，尤其是在快速增长的销售组织中，这样的事情更是司空见惯。我很清楚这一点，因为我的职业生涯就是从一家快速成长型企业开始的。随着公司的成长，内部制度、流程和资源经常会出现难以应对的状态。有韧性的销售员会自己想办法解决问题。他们有能力通过自己的努力熬过难关，走出逆境。

销售韧性的教训

我和安吉·史蒂文斯（Angie Stevens）曾一同在万思体活力有限公司并肩工作。如今，万思体活力已成为业内的全球顶级企业。公司在很多方面走在前列，在聘用中强调应聘者的内控力就是一个方面。安吉·史蒂文斯就是这样一种人。在万思体活力的发展初期，公司还很难预测宿营服的产量。对不熟悉户外运动服装业务的人来说，这种产品就类似于啦啦队每天穿戴的比赛服。

在时装行业，要预测哪一款设计方案会走红确实很难。在我二十几岁还热衷于购买时尚运动服的时候，我总是试图预测"哪款运动服会成为热门新品。"

在万思体活力，我们不止一次看到一款服装引爆了市场。管理意外到来的订单确实令人感到压力沉重。

作为负责销售业务的副总裁，在处理这个挑战时，我发现，我的销售团队会做出两种不同的反应。第一种反应体现出较高水平的控制观。这些销售员没有任何抱怨，而是专注于对事态进行控制。正如读者已经猜到的那样，第二种反应则表现出较低的内控观。这些销售员会放下手中的任务，一味抱怨眼下的形势。

安吉·史蒂文斯属于第一类人。她积极着手后续跟进工作，并在宿营日的两周前致电客户，再次核对交付情况。在每次与教练及客户合作时，她都能做到尽职尽责，精确掌握客户参加露营的日期。

外控观的销售代表（很幸运，我们可没有聘用那么多这样的人）倾向于另一种方法。在他们的回答中，往往充斥了这样的言辞："那不关我的事。那是生产部门的问题。我已经卖出了货，他们应该负责向客户交付商品。"他们的外控思维——永远不承担责任，会带来很多不必要的损失。

安吉并没有接受这样的自我暗示和方法。她或许确实无法控制生产，但她知道自己可以控制局面，给自己足够时间去设计其他解决方案。因此，她始终是公司最优秀的销售代表，这丝毫不值得奇怪。

对照表5-1，看看你在聘用哪种类型的销售员。

表5-1　两种类型的销售员

拥有内控观的销售员	拥有外控观的销售员
独立寻找答案和解决方案	从外部寻找答案和解决方案。等待援助
专注自己现有的资源，寻找并创造新的资源	抱怨缺乏资源。等待其他人寻找并提供资源
对销售成功承担100%的责任	把销售的失败功归咎于外部因素
提出问题：我该怎么做，才能取得更大的成功	提出问题：怎样改变环境，才能让我取得更大的成功

你是坚韧不拔的人吗

要打造一支优秀的销售团队，首先应该从自己开始。这就需要利用自我认知，检查你的销售管理行为。你是否抽出时间去学习和掌握基于行为的面试问题？即使没有空缺职位，你是否也会设定每周或每月去拜访一位顶级销售人才的目标？你是在挖一米深的井，还是六米深的井？

聘请优秀销售员当然不容易，这背后有多方面原因。首先，很多人只是因为没有其他事情可做，只好选择干销售。"我会做下去，直到找到更好的工作。" 20 年后，他们仍未找到更好的工作。他们在退休时还在做这件事。

今天，随着家庭结构和技术的变化，销售经理和首席执行官的招募和聘用工作也在面临新挑战。我们不妨详细看看这些挑战。

"婴儿潮"一代人正在陆续退休，年轻的销售专业人士正在取代他们的位置。很多"婴儿潮"一代出生和成长在拥有 5 到 10 个孩子的大家庭里。这样的家庭规模往往会造就更有韧性的人。其实，父母并没有对他们提供什么特别的教育。因为这就是他们的生存现实。父母已无力承担什么责任。我就成长在一个拥有 8 个孩子的家庭。父母经营了一家从未关闭过的小企业！而且他们不能解雇任何员工，因为和政府签订了长期聘用合同。为维护这家小企业的正常运转，每个孩子都在很小时就被分配了家务活。不管你是否年纪小，还是很疲倦，分配的工作都必须完成。这种环境造就了我的韧性、责任感和担当精神。

技术也是导致人们韧性不足的一个因素。同样，在"黄金时代"，人们不可能拿起电话向他们的父母征求建议。那个时候，长途电话费非常昂贵，也没有手机。因此，向家人求助或寻求建议并不容易。这种非技术环境迫使人们必须独立做出决定，并承担这些决定所带来的后果。

今天，父母可以整天通过电话或短信给孩子提建议。这让很多年轻人不能学会如何独立应对挑战或逆境。

我当然不会人云亦云，像很多人那样去诋毁抨击年轻的销售专业人士。实际上，我早已经厌倦了"年轻人有资格懒惰"这样的流行歌曲。相信我，我遇到过很多懒惰而安于享受的"婴儿潮"一代人。但今天的现实是，销售经理在招聘方面不得不面临形形色色的挑战，因为在他们的应聘者中，有越来越多的人是直升机式育儿模式和技术造就的。

绝不能安于现状！始终要睁大眼睛，寻找最合适你的销售员。并非每个应聘者都是在万事俱备的安逸环境中长大的。

销售经理或许需要更长的时间，在更大的范围内寻找，但一个不可否认的事实，每个年龄段都会有优秀的售货员。我也曾和各个年龄段的销售明星合作过。千万不要想着，可以找到一种优哉游哉、轻而易举的方法，就能聘用最优秀的销售员。而且现实世界中也不存在这样的捷径，否则，我们也不会如此绞尽脑汁了！

销售类大学

一些有先见之明的大学已开始设立销售学学位，我的很多客户都在和他们开展合作。对销售领导者来说，这当然是个好消息，因为这些毕业生显然不会把销售专业当作自己的临时选择。

他们主动选择了销售，而且对销售充满激情。对那些希望通过超凡毅力和个人表现而得到回报的人来说，销售是一条伟大的职业道路。

因此，在这方面，销售领导者应推迟满足，致力于和本地及全国性大学建立人才输送关系。尽早招贤纳士，让有志从事销售事业的年轻人不枉青春，也让你的人才蓄水池有充足的水源。

赢得未来

加拉格尔公司（Gallagher）是我的客户之一，这家公司与大学合作培育未来销售人才，这是一个非常值得借鉴的例子。公司制订了一项令人难以置信的实习生计划，这项计划为公司每年吸引来超过四百位的年轻培训生。在大学毕业后，他们中的大部分人被公司聘用，聘用比例约占 60%。

同样给人们留下深刻印象的是，他们为新人提供了大量的培训和指导。所有新员工都需要参加为期两年的培训计划，在此期间，他们将学习有关情商、社交、发掘新客户等方面的技能，掌握销售及产品知识。加拉格尔公司的高管会在百忙之中抽出时间，担任销售竞赛的评委。此外，公司还主办社交活动，高管人员与新员工进行面对面的交流，为他们提供有价值的洞见和支持。正是因为这家公司始终致力于聘请最优秀的人才，才让他们得以将顶尖销售人才招致麾下。

要对应聘者在抵抗逆境、韧性和毅力等方面的能力进行测试。考量你的应聘者是否愿意忍受职业初期的艰难。

■ 针对销售情商的面试问题 ✎

1. 请介绍一下，你以前为实现目标而付出的最大努力。（测试应聘者的毅力。）

2. 告诉我，你为什么每两年就会更换一次工作？（提示：求职者通常缺乏成功所需要的毅力。每当遇到困难时，他们就会临阵脱逃。）

3. 请介绍一下，你在自己的人生中遇到的最大困难是什么？你是怎样克服这些困难的？（你的应聘者是否遇到过困难？）

4. 你独立做出过哪些最艰难的决策？（这个应聘者在销售拜访活动中是否需要父母的陪伴？）

5. 请描述你以前曾想过放弃，但最终没有放弃的情况。是什么让你坚持下来？（这个应聘者是在挖一米深的井，还是在挖六米深的井？）

6. 为了避免在产品或服务交付过程中出现问题，你是如何做的？（考察应聘者到底属于内控观，还是外控观的人。）

7. 请描述你对并非由自己造成的问题而承担责任的情况。（坚持内控观的人勇于承担责任，并最终达成目标。）

销售是一项伟大的职业，它需要坚持不懈、持之以恒的精神以及不畏艰难、克服逆境的能力。千万不要聘用那些只想寻找更好职位的销售员。你需要的是一个能创造更好职位的销售员。

06

第六章

自信与销售业绩

　　我身边有一批优秀的同事，我们曾共同分享各自初入职场的经历。一位成功的同事向我们讲述了他的第一份工作——做一名报童，近乎冒险的经历让我们唏嘘不已。他成长在中下阶层的社区，所以，我们姑且认为，他的一些客户可能有点难缠。

　　他每天凌晨 4 点醒来，把报纸装到自行车上，然后像个疯子般地四处送报，一直忙到早晨 7 点。只有在天气非常糟糕时，他才会叫醒父亲帮自己完成任务。

　　真正的快乐还是在放学之后，这时候，他开始向客户收钱。在这些客户中，很多人在下午 4 点时就已经开始喝鸡尾酒了。因此，他们很乐意和这个只有 10 岁的孩子"聊天"，戏称他们不准备付款。还有很多人试图少给点钱，假装给他 10 美元，但实际上却只给了 5 美元。有些客户甚至会直接送给他一个闭门羹，告诉他，晚点再回来收钱吧——比如二十年后。

但这位同事在 10 岁时就已经是个非常坚定而自信的孩子了。他懂得该如何说清楚自己需要的是什么，即使这么做在情感上可能很艰难。他会继续敲打关上的大门，和体型比自己大一倍的顾客直面而对，收取来之不易的辛苦钱。这种坚定和自信也让他在销售这个行当中受益匪浅。他在销售过程中不断明确自身需求的能力，已达到了炉火纯青的地步。

自信不是一种行为风格

自信的销售员能始终坚持自己的要求，而且不会采取侵犯他人的方式。如果销售经理在面试时没有考虑这种能力，那么，他就有可能引狼入室，把被动攻击型应聘者招致麾下。这些销售员对外部指令有非常高的需求，而且喜欢息事宁人。这些为迎合客户而宁愿委曲求全的销售员会回避尖锐的对话，但矛盾和分歧恰恰是生活、销售乃至所有生意的内在要素。比如说，一家客户要求更改项目范围，但却不愿支付额外费用。在这种情况下，被动攻击型销售员会竭力避免本无法避免的谈判，回避因向客户收费带来的针锋相对的状况；公司的项目获利能力则会因此下降。这倒不是因为弄错或是错过截止日期，而是因为销售员缺乏阐明必要条件所需要的自信：客户必须为他所要求的范围调整支付额外款项。

在面试过程中，针对自信进行的调查往往被忽略掉。招聘前的评估报告可能会说，你的潜在应聘者是一个有强大动力、注重结果的主导型销售员。于是，我们会不假思考地认为，这名销售员应该是一个有主见、有自信的人。切莫这样轻易下结论：不要把行为风格与情商相混淆。

自信是一种可习得的品质

詹妮弗就是一个拥有强大动力的销售员的典型，她在自信方面需要更多的引导和开发。詹妮弗确实善于发现客户线索，循序渐进地把握推销过程，控制住马上提议购买产品的冲动。詹妮弗有出色的解决问题能力，这可以帮助潜在客户认识到放弃购买的后果。但是在销售流程的预算阶段中，她又经常会把事情搞砸。在向潜在客户询问准备为购买公司数字营销服务投入的资金时，对方通常会给出这样的答复："我也不知道该花多少钱……毕竟，我们以前从未购买过这种服务……先试一下吧。"

詹妮弗的自信会像气泡一样突然破裂，她会选择为避免冲突而委曲求全。她会写一份含糊其辞的建议书，让人无从了解潜在客户是否愿意或是有能力投资购买她的服务。实际上，她只是在浪费宝贵的时间，为一个不符合要求的潜在客户编写建议书："这已经超过我们的预期投资金额，我们还需要再考虑一下。"

杜撰新的建议来掩盖自己缺乏自信的内心。

但詹妮弗显然也不是没有优点，她有强烈的自我认知意识，为人谦虚，且勤于接受培训。一次颇为艰难的培训课程让我终生难忘。在培训中，她为失败找出几个"是这样，但你不理解"之类的借口。"是的，但潜在客户确实没有钱购买我们的服务；是的，但他们从来没有体验过数字营销，所以也不知道应该在这方面花多少钱。"

当我从潜在客户嘴里听到类似的答复时，我想起以前导师曾经提出的建议。他曾语重心长地告诉我："如果你的潜在客户没有预算，他怎么会对你说，价格太高了呢？其实，你的未来客户在心里早已经有了盘算。所以说，我们得讨论一下，缺乏自信如何影响到你发现客户心中的算盘。"

缺乏自信会影响你的营销结果

如果聘用了缺乏自信的销售员，我们会发现，他们会在诸多销售步骤和阶段上给结果带来影响。我们不妨看看缺乏自信对销售预测的准确性及销售目标的实现程度等方面的影响。

决策阶段

缺乏自信的销售员很难让潜在客户做出正确的决策，或是对潜在买家做出恰当的影响。这倒不是因为销售员缺乏知识。销售经理已向他们传授了销售智商方面的技能、顾问式销售技能以及影响潜在客户所需要的其他资源。比如说：

"亲爱的'买买买'先生，我觉得我们今天的交流非常愉快，我相信，我们的公司可以为您解决一些实际问题，帮助您达成目标。但我们还需要再前进一步，而最关键的一步，就是和贵公司的首席营销官会面。您能帮我安排这次会面吗？"

提出这个请求其实很简单，对吧？但对缺乏自信的销售员来说却很难。他们也很清楚应该提出这个请求，但是因为担心自己会遭到潜在客户的白眼或是让生意前功尽弃，他们最终还是会避免提出这样的问题。于是，他们会优柔寡断地选择敷衍了事，这样，他们就永远都没有机会提出这个请求。最终，他们会让你的公司输给一个更自信的销售员，因为这个人敢于直面潜在客户的其他决策者。

兵不在多而在精

不妨看看这个不自信的亨利吧。他正在与潜在客户进行首次交流，和所有销售谈判一样，这次会面同样是在和风细雨的氛围中进行的。各位都知道，在这样的会议上，潜在客户不会说任何让销售员感到刺耳的话。"我们觉得每隔几年有这样一次会面确实是个好主意。我们听到很多有关你们公司的好消息。"但是通过更深入的分析，你就会发现，这其中没有令人信服的理由能改变这种潜在客户，让他们做出购买服务的决策。

此时，潜在客户会要求亨利提出一揽子采购建议。现在，缺乏主见的亨利会觉得，解决问题和实现目标没有任何困难。但他缺少当机立断，提出下一步方案的自信，最终选择了步步为营的做法，决定还是让事情顺其自然为好。于是，他在花费数小时写了一份毫无价值的建议书之后才听到："这看起来确实真不错。但时机不太正确……谁能在 10 年后还去跟进这笔生意呢？"

如果聘用缺乏主见的销售员，销售经理就不得不面对一个不合格的销售团队，而最终注定要面对各种不合格的潜在客户。这些缺乏自信的销售员或许会患上"腕管综合征"——因为他们需要为永远不会购买的潜在客户编写出一大堆建议书！他们会把本应在几个月前放弃的潜在客户留在销售漏斗（sales funnel，比喻从寻找意向客户开始，经过中间层层过滤，最终销售成交的销售全过程，最宽部分聚集了所有待筛选的潜在客户，最窄部分则是达成交易的客户）中。他们似乎被这些潜在客户深度套牢——像喜欢宠物那样对他们深爱不已，这无非是因为他们缺乏自信，以至于不敢果断地放弃这些没有未来的客户，或是把他们推荐给更有可能促成交易的销售员。

缺乏自信 = 编写建议书 = 销售预测落空

相反，聘用一个自信的销售员，故事听起来就会有些不同了。这位销售员心甘情愿地接受并运用你传授的方法，温文尔雅地拒绝潜在客户："'潜在客户'先生，谢谢你赏光征求我们的建议。但是根据我们今天的谈话，我不知道我是否有足够理由认为，你到底想进行调整还是做出投资。我是不是没有听懂你的意思？"

自信的销售员善于澄清自己的要求，而且他最需要的，就是一个现实的机会，或者说，潜在客户应有足够理由去改变、发展和投资。他根本就不需要练习撰写实施建议书的机会！

明确后续措施

这也是让低自信度销售员在销售过程中抓狂的另一个环节——是否需要与潜在客户明确下一步操作。这个销售步骤听起来似乎很简单，每个优秀的销售培训师、销售经理和销售教练都会讲授这个概念。

但我们都经历过，在结束销售会谈之后或是在提交建议书时，销售员并没有约定下次联系或讨论的日期。这意味着，一笔业务即将走向失败，这也意味着追逐模式的开启。不自信的销售员会变成销售业务的追踪者——不断发送电子邮件和语音邮件，以期得到潜在买家的回应。

相反，在聘用一个自信的销售员时，你得到的将是一个善于表述个人要求的销售员。他需要双方共同接受商定的下一步，这应该成为交易双方约定的共同事务。

激进的销售员

在不考察应聘者的自信心时，销售经理有可能获得相反的沟通方式——聘用过度激进的销售员。这些销售员在表述需求方面没有任何问题，但是在提出这些要求时，却不知道该如何避免在情感上伤及潜在客户及现有客户。

激进的销售员往往不招人喜欢，因此，激进的销售行为会导致潜在客户选择你的竞争对手。他们获得结果的唯一方法，就是去催促潜在客户或是对他们提出要求。此时，他们可能实施以下的无效销售行为：

- 激进型销售员往往过于直接，从而让潜在客户做出不战即逃的反应。在阻塞对话通道的同时，机会也随之消失。
- 激进型销售员会提出稀奇古怪的引导性问题，这些问题让潜在客户感到正在被逼入绝境。比如说，"你难道不同意吗？"或是说，"但我认为你想消除这一障碍，对吧！……所以说，你是接受现状的？"用这种方式吸引潜在客户确实有点滑稽。
- 激进销售员喜欢提出异议，而不是试图理解异议。激进的销售员说得太多，听得太少。记住，言多必失。

聘用一个激进的销售员，你会发现，会导致生意离你而去，因为潜在客户还是喜欢向他们喜欢的人购买商品。

我让你感到困惑吗

如果你在销售管理这个岗位上待的时间足够长，那么，你或许就会遇到过同时表现出三种行为模式的销售员：自信、被动攻击和激进。这是因为情商力的显现依赖于具体环境。在某些情况下，面对某些购买者，销售员会在销售谈话中展示一定的自信。但是在其他环境下，自信的两个邪恶双胞胎却有可能主导销售拜访的氛围。

根据既定机会大小的不同，销售员可能会自发表现出被动攻击型行为。当交易规模变大时，销售员开始犹豫不决，对潜在客户委曲求全，规避为创建成功伙伴关系而必须向潜在客户提出的要求。

在我的同事中，有些确实非常亲和可爱。但是在遇到某种个性风格的客户时，他们也会情绪爆发。在销售拜访中，他们可能会出人意料地表现出阿提拉（匈奴王）式的咄咄逼人。没有人喜欢这样的合作者，当然也就不会有生意了。

对于一个不能充分体现自信心的销售员，你是否会聘用他呢？答案是不确定，具体还要看其他条件。在面试过程中，销售领导者还需要评价应聘者的其他软技能，譬如，销售员的自我认知以及接受培训的积极性。情商属于可习得能力，也就是说，是可以通过学习得到改善的，可塑性强的销售员乐于学习，并善于把学到的东西用于实践。

分析一下，你需要多长时间才能帮助新员工掌握这项技能。你有足够的时间去做这件事吗？你愿意忍受新员工的"短板"吗？或者说，这块小卵石最后会变成巨石吗？

在面试过程中，销售经理一定要先考察一下自己的自信度。在面试应聘者的时候，要观察对方的做事风格，并确定应聘者是否会为了拿到生意而委曲求全。或许你会刻意规避更棘手、更深刻的问题，甚至会放弃本应发问的问题。

因此，在面试中，销售经理首先要保持自信，并提出能体现自信的问题，以确定应聘者是否有资格成为你的团队成员。

■ 针对销售情商的面试问题 ✍

1. 请描述一个这样的亲身经历：潜在客户不愿透露他们的采购预算，或是根本就没有安排这笔采购的资金。在这个例子中，你是怎么做的？结果怎样？

2. 给我举一个例子，说明你的潜在客户不想把你推荐给组织中的其他决策者。你是怎么说的，又是怎么做的？

3. 介绍一个你亲身经历的例子：因为潜在客户与你公司的产品不相匹配，因此，你放弃了继续跟踪下去的机会。在你决定放弃之后，这家潜在客户依旧要求你提供采购建议书，在这种情况下，你是怎么说的，又是怎么做的？

4. 举一个你经历的销售拜访实例：在会谈之后，潜在客户仍未确定后续措施的意愿。你是怎么说的，又是怎么做的？

5. 讲述一个你必须对潜在客户目前采用的方法、产品或解决方案提出质疑的例子。你提出了哪些问题？这次对话的结果是什么？

自信的销售员可以清晰阐述为实现真正双赢伙伴关系所需要的条件。而且在陈述自己需求的时候，他们不会在心理上激怒潜在客户或现有客户。不要聘用被动攻击和激进型的销售员，他们只会让你的销售计划落空。

07

你聘用的人是主动学习者
还是甘心落后者

在《富豪的习惯》（*Rich Habits*）一书中，作者汤姆·科利（Tom Corley）通过研究发现，88%的富人为实现自我改善而每天阅读30分钟，相比之下，在非富人群体中，这个比例却只有2%。此外，科利还发现，只有6%的富人会观看真人秀节目，非富人群体的这个比例却高达78%。所以说，还是和制造花边新闻的卡戴珊家族说再见吧！

在接受奥普拉·温弗瑞（Oprah Winfrey）采访时，声名显赫的人生导师托尼·罗宾斯（Tony Robbins）分享了自己白手起家的经历。在17岁的时候，他被父母赶出家门，那时，他意识到，自己唯一出人头地的途径就是学习知识。他报名参加了速读课程，并在7年中阅读了700本书。我认为，有一点是可以肯定的：正是他对学习的渴求，最终帮助他创建了一个价值连城的演讲培训商业帝国。

有人也曾问过伯克希尔·哈撒韦公司（Berkshire Hathaway）的创始人沃伦·巴菲特：人怎样才会变得更聪明？他随手举起一叠纸说："每天读500页这样的书。这就是像复利一样积累知识的方式。"我的很多同事听了这句话后都不以为然地说："那当然，他是亿万富翁，他有很多时间读书。"但我的回答是，我们不妨换一种方式理解这句话背后的逻辑，"他之所以是亿万富翁，或许就是因为他经常抽出时间去阅读、学习和提升自己。"

创业孵化公司 Empact 的创始人迈克尔·西蒙斯（Michael Simmons）提出了所谓的"5 小时规则"。这个概念其实很简单：无论成功人士有多忙，他们每天至少要拿出 1 个小时，或者说，每周用 5 个小时去学习或练习。而且他们会在整个职业生涯中始终如一地这样做。

学习型销售文化

在与很多大名鼎鼎的成功 CEO、销售经理和销售员的合作中，我体会到的一种个人感受是，他们都具备持续改进或追求自我实现这样一种共同特征。根据美国心理学家亚伯拉罕·马斯洛（Abraham Maslow）的说法，自我实现反映了个人具有向满足最高需求（尤其是人生价值）方向发展的倾向。

学习和成长的愿望，也是我们与潜在客户会面时须着力寻找的主要心理特征。如果不具备这种特征，培训与开发项目就会变成公司的费用负担，而不再是以追求未来回报为目的的投资。因此，公司聘用我们，是因为公司相信，我们的不断进步会给公司带来可持续的成功销售。

我们的很多客户都属于私人董事会，包括伟事达国际咨询公司（Vistage）、CEO 网络或青年领袖组织（YPO）。这些高管终日忙忙碌碌，但他们依旧会抽出时间，让自己与时俱进，与同行保持联系，他们始终会在百忙之中找时间学习。

或许这只是一个巧合，在所有客户中，凡是那些真正建立起学习型组织的，每年都在不断突破新的销售目标。

学习型销售组织的投资回报率

埃里克·阿姆豪斯（Eric Amhaus）是派氏咨询工程公司（Pie Consulting and Engineering）的学习总监和销售副总裁。在过去五年中，这家公司的收入增长了189%。公司不仅在口头上谈论人才培养，还在行动上致力于人才开发，在员工培训方面投入了大量时间和金钱。仅仅在两年时间里，他们在招聘、领导力、销售以及技术培训等各种培训和指导项目上投入资金高达657757美元，时间合计超过36000个小时。此外，他们还开设了一系列的内部培训计划，其中包括内容非常具体的90天入职计划、定制的销售脚本手册、年度目标开发计划、管理者每月和每位员工进行的一对一会谈及年度务虚会。派氏对分享成功果实的收益笃信不疑。他们的员工为所在社区提供的志愿服务时间超过775小时。我想知道的是，他们的成功是否可以归功于学习文化呢？

文化脱节

在与CEO学员或销售管理岗的学员互动时，我要求学员分享他们在面试过程中对应聘者提出过哪些具体问题，以确定应聘者的学习愿望和学习能力。他们的反应基本一致，面对这些问题，这些管理人员通常会两眼发直，然后喃喃地说："嗯，我在这方面可不行。"

难怪首席执行官和销售主管会感到垂头丧气。他们一直花费时间和金钱用来培训和指导这些毫无学习能力或学习意愿的销售员。

我们不妨说得更直白一点。

如果你聘用了一名不重视学习的销售员，那么，这个人为你服务的时间越长，他就会变得越愚蠢。

我丈夫吉姆是一名律师。为维持自己的执业资质，他每年都要参加"任职资格"的继续教育课程。到 65 岁的时候，他收到一条通知，告诉他无须再参加这些课程。他觉得这份通知是无法接受的。"哦，现在我已经 65 岁了，如果不继续学习的话，我会变成一个愚蠢的律师。"（在科罗拉多州，这项规则已经发生了改变。）

遗憾的是，销售经理聘用了很多自认为无须为实现销售而继续学习的销售员。正是这种态度，让他们变得更加傲慢，也更加平庸。万事通的思维只会带来自负，而自负只会导致生意流向那些不断钻研、学习和进步的竞争对手。

有价值的合作伙伴与擅长交易的销售员

销售大师向销售员灌输的思想，就是让他们成为能给客户带来增值的合作伙伴。销售经理给销售员的教诲，就是成为值得客户信赖的咨询师，一个能为客户提供洞见和思想领导力的人。

诸如此类的高谈阔论比比皆是。

如果一名销售员不再学习任何新思维，那么，他就不能成为值得客户信赖的咨询师，更谈不上思想领袖！没有了学习欲望，一名销售员就只能停留在十年前成功的记忆中，故步自封，停滞不前。他和现代流媒体视频世界中的 VCR 播放器没有任何区别。

今天，聘用有学习能力和愿望的销售员已不再是成功销售的附加条件，或是可有可无的方案。与时俱进和保持竞争力已成为成功的基本前提。

不妨看看你所从事的行业。在过去的 6 个月、1 年或是 2 年内，你们的经营方式是否已发生了重大变化？答案是可以肯定的，而且变革的步伐正在不断加速。每年，全球出版的图书在 60 万种到 100 万种之间。在全球范围内，90% 的新数据仅仅出现在过去两年中。因此，与时俱进已成为一种竞争优势，这就要求组织聘用的销售员必须具备不断学习、持续进步的愿望和毅力。

寻找超级"疯子"

安杰拉·达克沃思（Angela Duckworth）是《坚毅：释放激情与坚持的力量》（*Grit：The Power of Passion and Perseverance*）一书的作者。她的研究表明，所有成就卓著的伟人都是恒心与毅力的典范。让他们坚持不懈的根本原因就是激情。你会发现，伟大的销售员能把这两种品质融为一体，并始终对他们准备学习或掌握的东西充满热情。

对事业充满激情的销售员会坚持不懈地追求个人进步。他们不会对公司的发展袖手旁观；他们深知，他们的使命就是成为最优秀的人。我把这样的销售员称为超级"疯子"。

- 他们疯狂地向上司寻求辅导和支持。
- 他们疯狂地向高级销售代表追求信息和建议。
- 他们疯狂地向同事寻求进行更多角色扮演的机会。

如果你想年复一年地达成销售目标，就去寻找这样的超级"疯子"吧！作为一名成功的销售主管，萨姆·温弗瑞（Sam Winfrey）和我们分享了他成为顶级销售员的秘诀：

在刚刚入道的时候，我知道自己在这方面并不擅长（自我认知）；但我知道，公司里肯定有这方面的高人。我很快就找到身边的顶尖销售员，并主动为他们买午餐。人总是要吃饭的，于是，在和这些顶级销售大咖一起吃饭时，我有机会向他们讨教销售、产品和服务等方面的各种问题。

萨姆就是一个典型的超级"疯子"。他始终热衷于学习，而且对学习似乎有着无止境的激情。他会想方设法向那些本没有时间理会他的老销售员请教。

所以说，你下次聘用的销售员，必须拥有不断进步所需要的才能和态度。我们今天面对的是一个竞争激烈的商业环境。无论是潜在客户，还是现有客户，都希望通过与销售员合作给自己带来思想的启发，并帮助他们以新的方式审视自己的业务。毫无疑问，顶级学习者也是最值得信赖的顶级咨询师。

■ 针对销售情商的面试问题 🖊

1. 讲述一个你亲身经历的体验，说明一项你在以往工作中必须掌握的新技能。你是如何学习这种新技能的？你如何判断自己已经掌握了这项新技能？

2. 你以前是通过什么方式让自己始终掌握最新行业动态的？

3. 介绍一下，你读过的三本最佳销售及商业类书籍。你如何运用这些书中的知识？这些知识是如何帮助你赢得更多业务的？

4. 为了给客户提供帮助，你目前正在学习哪些知识？

5. 向我介绍一下，你如何把持续学习融入自己繁忙的工作日程中？

6. 讲述一个你为自学投入时间的例子。自学是如何进行的？

7. 为了更深入地了解业务，你向哪些导师寻求指导？

一定要聘用那些有变革、学习、成长和进步志向的销售员。你聘用的销售员应该是积极学习者，而不应该是甘心落后者。

第八章

你已聘用的新销售员是否有可塑性

伊芙·格罗德尼斯基博士（Eve Grodnitzky）是一位研究型心理学家，与之合作的机构遍布世界各地。我有幸聆听过她的演讲。在演讲中，她针对招聘向听众提出了一个非常尖锐的问题。

"你所从事的是一种行为调整性业务，还是行为选择性业务？"

这是一个非常棒的问题。销售主管之所以经常被心理学家和心理治疗师的角色所困扰，就是因为他们未能招聘到有可塑性的销售员——或者说，乐于接受和运用绩效反馈的人。

你是否注意到一种现象：在真正收到反馈之前，所有人都说他们想得到反馈。我不止一次地注意到，很多 CEO 和销售经理把宝贵的时间和精力浪费到毫无可塑性的销售员身上。这种类型的销售员固执己见，丝毫不愿承认自己的错误，即使面对用心良苦的反馈，也会百般狡辩。

管理一个不愿接受指导的销售员确实让人筋疲力尽。遗憾的是，很多销售领导者在面对困难时，会选择知难而退，放弃向他们提出有价值的反馈。于是，他们让这些无法接受的销售行为和态度逐渐渗透到自己的销售文化中，并最终形成了一个安于现状、业绩平庸的销售团队。不可塑造的销售员会让销售组织损失惨重。

公司执行委员会（Corporate Executive Board）进行的一项研究表明，和不能在绩效反馈方面做到开诚布公的公司相比，具有这种能力的公司在10年间的收益回报率整整高出270%。这个数字足以启发我们所有人：必须认真考虑聘用具有可塑性销售员这个问题，一个称职的销售员应该积极寻求反馈，而不是排斥反馈。

在与数百家销售组织的长期合作过程中，我逐渐发现了需要在面试过程中确定的重要情商力指标，以判断应聘者是否具有可塑性，是否能通过培训指导成为一名合格的销售员。

A. 自尊与自爱

在情商世界中，我们把这种品质定义为"内在的信心"。一个真正有信心的销售员敢于承认并接受自己的优点和缺点。他们从不推脱责任，相互指责。他们敢于直面审视自己的行为和结果，并敢于为之承担责任。

在聘用具有高度自尊心的销售员时，销售组织之所以能快速发展，是因为他们的组织文化鼓励员工"举手担责"。在需要承担责任时，自信的销售员敢于举起自己的手，主动承认错误，并积极寻求预防或解决问题的建议。CEO和销售经理可以立即投入时间和精力，致力于组织业绩的改善，他们不会因未能及时发现问题而手忙脚乱地寻找解决方案。

在《橙色革命：创建高效团队，打造优秀组织》（*The Orange Revolution: How One Great Team Can Transform an Entire Organization*）一书

中，作者艾德里安·高斯蒂克（Adrian Gostick）和切斯特·埃尔顿（Chester Elton）针对"举手担责"的组织文化为我们提供了一个非常有说服力的例子。他们采访了"蓝色天使"飞行队的成员斯科特。斯科特解释说，每次现场表演完成危险动作之后，全体飞行员会聚在一起，对表演进行回顾总结。完全开诚布公的氛围，让他们得以克服全部错误以及沟通不畅的问题。这才是真正让我关注的地方。斯科特说："如果我的飞行高度太低，或是在时间上差半秒钟，我就会告诉其他队员，或是其他队员告诉我。"

这就是可塑性文化。你拥有世界上最有才华的飞行员，他们愿意主动承认错误，积极学习。他们从不隐藏自己的错误，或是等着别人发现错误。他们会主动承担起应该承担的责任。

帕蒂·麦考德（Patty McCord）是《奈飞文化手册》（*Powerful：Building a Culture of Freedom and Responsibility*）一书的作者，她在书中分享了在奈飞公司担任首席人才官的 14 年经历。帕蒂指出，开展公开批评是奈飞企业文化中最难让新员工接受的一项制度。帕蒂将这项工作称为"绝对诚实"。奈飞公司始终维持着令人咋舌的增长速度，我认为，这背后的一个重要原因，就是它们提倡反馈、指导和快速兑现必要变革的企业文化。

B. 成长性思维

卡罗尔·德韦克（Carol Dweck）是《终身成长：重新定义成功的思维模式》（*Mindset：Changing the Way You Think to Fulfill Your Potential*）一书的作者。在这本具有开创性的著作中，德韦克与我们分享了固化性思维与成长性思维的差异。拥有成长性思维的人相信，他们可以通过学习而实现改变。这些人接受反馈，因为他们把反馈视为实现个人和职业持续发展的必要工具。也就是说，他们具有可塑性。

一定要避免聘用固化性思维的销售员。你或许已经发现，某个销售员恰恰会表现出相反的特征。他们不喜欢接受失败，或是不愿意承认失败，因此，他们会竭力规避挑战。在大部分时间里，这些人只是在证明自己的才智，而不是设法提高自己的才智。他们关注的是如何确保让你知道，他们有多聪明，这限制了他们寻求学习和指导的愿望（或能力）。房间里最聪明的人，很快就会变成房间里最笨的人。

C. 谦虚好学

我发现，最成功的销售领导者也是谦虚的领导者。谦虚的销售领导者不会故步自封，把成绩全部收入自己囊中。他们会毫不犹豫地去赞扬别人，淡化自己取得的成就。谦逊的销售领导者不仅是伟大的团队参与者，更是这个伟大团队的缔造者。

但是在这个环节，我看到的却是销售组织中存在巨大的脱节。谦虚低调的销售主管似乎认为，聘用傲慢自负的销售员也没什么问题。我曾不止一次地听到公司首席执行官或销售主管这样说：顶级销售员都是需要好生伺候、恃才傲物的人。对这样的人，他们也无可奈何，"人在江湖，身不由己"。

但我强烈反对这种观点。高傲自满、自负武断的销售员能打造出良好的销售文化吗？这些需要"好生伺候"的销售员能创造出一种让所有人你追我赶的竞争性工作氛围吗？不会的，绝对不能。

CEO 和销售主管深知团队的重要性，而且也会着力宣传团队的重要性。他们会把团队核心价值放在公司网站或是办公室墙壁最显眼的位置上。遗憾的是，这些信息也仅仅停留在网站上或是办公室的墙壁上，并没有深入到团队成员的思想里，因为公司根本就不会测试和考察潜在求职者的谦逊精神。这就会导致组织把傲慢、无法塑造的销售员吸收进来，并最终对销售文化造成严重破坏。

霍根人力资源咨询公司（Hogan Assessments）是一家从事职场人格测试服务的全球知名企业，他们正在推行一套新的 20 项指标人格测评表，用来衡量求职者和领导者的谦逊精神。公司首席科学官瑞恩·谢尔曼（Ryne Sherman）博士在接受《华尔街日报》采访时表示："大多数观点都表明，领导者应该是具有超凡魅力，善于寻求关注和有说服力的人。但这样的领导者往往会毁掉他们的公司，因为他们承担的责任，往往会大大超出他们所拥有的能力，而且这种人刚愎自用，过于自信，不愿意听取他人的建议。"

天呐，这听起来似乎不就是招聘销售员时经常遇到的问题吗？

之所以需要测试和考察应聘者的谦逊度，还有另一个重要原因。所有销售咨询师、销售演说者和培训师都在讲授积极倾听的重要性。但深度聆听显然需要采取一种谦逊的态度。傲慢自大的销售员会认为自己无所不知，因此，他们什么都不会听！

而谦虚的销售员会以开放的心胸向同行和客户学习。他们愿意听取不同的意见和声音。开放性心态会带来创新思维、突破性思维和思想领导者的思维。谦卑也是利润的发动机。

小不忍则乱大谋

很多年前，我曾和一位企业老板有过合作，他向我吐槽了对一名刚入职新销售员的不满。这位销售员很聪明，工作也非常努力。求职简历上的职业履历也足以表明她的能力，她不仅每年都能取得令人惊叹的销售业绩，还取得过各种旅行和度假形式的奖励。但这位老板的生意却是新销售员从未涉足过的新行业，这显然需要她学习新的销售技能和方法。

在第一次单独辅导过程中，老板坐下来，针对一些未成交的项目给这位销售员提出了反馈和建议。老板很有耐心，因为他很清楚，损失完全是由于销售员缺乏行业经验所致。但他很快就意识到，这位新员工接受反馈的能力简直糟糕透顶。这种方法似乎根本就不会奏效。于是，老板开始尝试用所谓的"三明治方法"，对新销售员进行指导。也就是说，和员工分享某些积极的方面和需要改进的环节，以积极的方式开展对话。但他马上又发现，这位新员工不喜欢任何形式的"三明治"。在提到惨淡的业绩时，新销售员会毫不犹豫地把责任推卸给老板，或是给自己找出各种各样的理由——"事实的确如此，但……"

我的客户很快意识到，他根本就没有时间和能力去培养这个销售员。我没有参与招聘这位销售员的指导过程，于是，我询问客户：他在招聘过程中遗漏了哪些环节。"我忽视了自己的直觉。其实我已经发现，这个销售员有点自大。我觉得这是年轻人应有的自负和傲慢，但是在现实中，这的确是一种非常严重的人格缺陷。"

一个富有情商的销售团队应该是谦逊而有竞争意识的团队。千万不要以为我们不能兼具这两种素质，因为我们每天都在和这样的销售组织打交道。我们必须放弃傲慢自大的公司和刚愎自用的员工，因为我们无法教会他们学到任何东西!

不妨回顾一下第三章的内容。你聘用的每个应聘者都会有这样那样的"缺点"。因此,在面试时,一定要彻底厘清不可突破的底线,哪些是你能接受的,哪些是不能接受的。同时,绝不能回避一个最难以回答的问题:这个应聘者是否具有可塑性?

■ 针对情商的面试问题

1. 讲述一个你真正把事情搞砸的例子。你从中学到了什么?你如何运用由此得到的经验和教训?(在这方面,自信而谦虚的销售员可以给我们提供很多这样的例子。)

2. 你认为自己成功的关键是什么?(听听他们是如何说的,是把成功归功于导师、同事、父母或同行,还是将功劳全部据为己有?)

3. 讨论一下你最大的缺点。(应聘者是否会给你一个自负的回答:把他们最大的弱点定义为一种优势。"我就是做事情有点太循规蹈矩了。")

4. 举例说明你听到的最难以接受的反馈。你从中学到了什么?你在以后的工作中是如何运用这些反馈的?(实际上,你是在寻找这个人以前受到批评的经历。他们是否会拒绝反馈,还是以积极的方式接受反馈?)

5. 讲述一个你主动寻求反馈或指导的例子。(自信而谦虚的人会主动寻求反馈,而不只是被动地等待反馈。)

无论是作为首席执行官,销售经理还是公司所有者,一定要让你的生活更轻松一点。你的职位不是心理治疗师,要把自己当成一名销售主管。一定要聘用那些拥有自爱、自尊、谦逊和成长心态的销售员;聘请那些珍视指导和反馈的销售员,因为这才是销售冠军的必备品质。

09

第九章

不可缺少的结局

　　我曾经和一位极其负责、极其有担当的销售副总裁交流过，我们不妨叫她维多利亚。这位销售经理之所以有这些优点，一个重要原因就是她永远不为自己找借口。如果犯了错误，她会毫不犹豫为错误承担责任，并且不会把责任归咎于其他任何人或部门。

　　在指导培训课上，我听到维多利亚为一名销售员业绩不佳承担责任的解释。"我没有给她足够的培训。毕竟，我们正在进入一个新市场，这当然需要时间。我们确实要为销售代表提供更多的线索。"

　　我耐心地听着，然后提出几个针对性问题，以提高这位销售主管的自我认识。

　　"作为销售员，你接受了多少销售培训？"

　　"呃……很少或没有。我一直在自学。"

　　"你用多长时间建立起自己的业务区域或客户群？"

　　"没多久，因为我的工作是直接提取佣金。因此，我一直为获得佣金而疯狂地工作。"

"在开始销售时，你得到了多少销售线索？"

"没有。创造销售线索是我自己的事情。"

可以看到，这位销售经理有点不知措施。她开始意识到，自己关心的主要是业绩，而不是对销售员的关注。遗憾的是，她碰巧又聘用了一名习惯于为失败找借口的销售员。

如果你是销售主管，下面的说法或许会吓到你：别再这么有责任感和担当了。正是因为这些奇妙的属性，我们或许会陷入一味追求成功，而不是潜心培育销售员的陷阱。

就像一名优秀的扑克玩家，你必须知道应在何时打出某一张牌。

那么，你是不是该考虑放弃销售团队中的几个成员呢？有的时候，即便采用的所有招聘方法和工具都是正确的，但依旧有可能让不合格的销售员混入你的团队。考虑到在招聘、入职、培训和辅导等方面已投入的工作，这样的结果确实令人沮丧。如果你是个乐观的人，那么，你会不断地思考："如果我这样做……。或许我应该尝试那样做……"但假设不等于现实。

算了吧。是时候该放弃了。

在进行我们的销售管理培训时，我问销售经理和首席执行官："在你们中，有多少人会长期业绩不佳呢？"几乎 100% 的参与者都觉得自己业绩不理想！

我们不妨仔细看看，到底是什么让那些勤奋、负责的 CEO 和销售经理业绩长期不佳。尽管原因诸多，但我们还是看看多年来排在前三位的原因。

你的销售漏斗是否足够大

销售经理会培育销售团队如何建立完整销售漏斗的策略和方法。我们知道，完整的销售漏斗可以为销售员提供最大程度的自由选择权，因为在这种情况下，他们可以不受限制地放弃不符合要求的机会，无须铤而走险，或是去做无谓的努力。

这个问题同样适用于销售团队。不断寻找潜在客户，建立和扩大你的销售漏斗。完整的销售漏斗可以让你摆脱约束，自由选择。不妨设想一下：如果销售团队全部是合格的精兵强将，那么，你还会忍受不良的销售行为和销售态度吗？

你肯定不会出现人员问题，但会遇到招聘问题。销售经理之所以会留下绩效不佳的人，是因为他们别无选择。毕竟，他们需要一个人来填补座位、接听电话或收发电子邮件。

你之所以别无选择，是因为你没有每周或每月都在寻找顶级销售人才。因此，在出现职位空缺时，由于你可以选择的应聘者很有限，因此，最终只能选择勉强接受次优和一般的人，而不是最好的销售员。

不断磨炼你宣传的品质，努力发掘顶级销售人才。

你聘用的是个干活的人吗

我的父亲生前在艾奥瓦州务农，直到去世，他还一直在务农。父亲有着高尚的职业道德。他在 70 多岁时再婚。听到这个消息，我非常高兴。我通过电话向他表示了祝贺，并简单向他打听了一下未婚妻玛丽，因为我们此前只见过一次面。我非常想听听他们有哪些共同的兴趣和爱好。父亲的回答到现在都让我感到好笑，"嗨，她就是个干活的人！"请记住，他的未婚妻也已经 70 多岁。父亲的回应几乎概括了我们家庭的职业操守。我们是干活的人！

如果你想知道，是否需要在你的团队中留下一个销售员，不妨看看一个简单的问题：你的销售员是个干活的人吗？

在我开始从事销售咨询和培训业务时，我曾有一位导师。在我们的辅导课程中，第一个部分的内容就是销售活动计划。

最初，我觉得这有点奇怪，因为我错误地以为，导师会着重提高我的接待能力，帮我成为一个有智慧的能手和销售专家。

导师认为，我或许可以成为世界上最优秀的演讲师或培训师；但是和其他公司一样，只有先做销售业务，才能去讲授销售。因此，我必须自己先学会做事情，然后才能帮别人做事情。

不妨看看自己手下最优秀的销售员。他们不仅踏踏实实地工作，而且在职业道德方面堪称完美。优秀的销售员始终在勤奋发掘潜在客户；他们积极寻找推荐人和客户线索；他们会认真管理客户并改善客户关系；他们习惯于刻苦钻研，锤炼成功所需的销售技能。优秀的销售员勤于工作——因此，他们必定收获与之同样优秀的客户。

懒于耕种的销售员或许是因为缺乏强烈的职业道德、工作热情、毅力或勇气，抑或是因为这个人根本就不喜欢做销售这个行当。

如果你聘用的不是个干活的人，那就放弃他吧。

追求成长还是甘于抱怨

销售和生活的进步和改善唯有通过接受合理反馈才能实现。但即使是面对善意和有价值的反馈时，我们也会一次次地拒不理睬。因为唯我独尊的意识妨碍了我们的理性。对能力的自我怀疑常常表现为虚假的威严和借口。我个人始终对这种行为感到无法解释。

一个希望成长的销售员会找到他们的销售经理说："嘿，我真的很感谢你给我提出的建议，并且让我认识到，我最初对你还有点戒心。感谢你抽出宝贵时间指导我，这确实就是我需要改变的地方。"这就是一名有培养价值的销售员，他值得留在你的团队中。

亨利·克劳德（Henry Cloud）博士是《不可缺少的结局》（*Necessary Endings*）一书的作者。受这本书的启发，我为本章找到了一个还算贴切的标题：针对"放弃"这个话题，这个标题为我提供了一个深刻的见解，毕竟，放手往往是很艰难的。

我尤其喜欢克劳德博士对智者和愚者之别做出的剖析：聪明的人善于接受反馈，敢于承担责任；而愚蠢的人则表现出完全相反的行为。

智者［销售员］会接受反馈并据此进行相应的调整。而愚者［销售员］在收到反馈时则会采取自我保护的态度，并立即以"这不是我的错"为借口来搪塞你。"我负责的地域不好；外汇问题导致我们无法和这家潜在客户继续发展合作关系；我们在履行层面遇到的问题太多。"

智者［销售员］勇于对自己的业绩、问题和过错承担责任，从不寻找任何借口或推卸责任。

愚者［销售员］会毫不犹豫地把责任推给你，并寻找各种各样的理由把过错嫁祸到你的头上。"我没有得到足够的指导或培训。我们在这个方面或那个方面需要更好的……"

首席执行官和销售经理：你们正在指导的销售员到底是智者还是愚者？

克劳德告诉我们，如果你的团队中有一个愚者，不要和他说话了，也不要再给他任何建议了。这些人要么听不到，要么不想听到。

放弃那些只能让你焦头烂额的笨蛋吧。

适时放弃

多年前，迈克尔和我们一起在 Ei Selling 公司担任培训师，他领导了一支非常成功的销售团队，负责为客户提供项目管理培训。当时，这家公司正处于发展阶段，销售管理问题日渐突出。公司的一位高级销售员因为迟到，没有参加小组销售会议。他只关心自己的业绩，而对迈克尔努力为公司营造的销售文化漠不关心。

迈克尔与这位业绩优异的销售员进行了数次推心置腹的交谈，但都没能取得任何效果。经过几次"愚蠢"的指导沟通后，迈克尔放弃了这位顶级销售员。这不是一个容易做出的决定，毕竟，他给公司带来了可观的销售额。

令他惊讶的是，团队中的几位成员非常感谢他放弃这位缺少合作精神的队友。他们尊重迈克尔的决定，而且感到欢欣鼓舞。影响如此积极，以至于整个团队迅速弥补了这位愚蠢销售员离职带来的收入损失。这就是一种开启更优销售文化的必要结局。

花点时间考虑一下你目前的销售团队吧。利用自我认识，审视一下你自己的销售领导行为。超级责任心是否会让你更疯狂地追求成功，还是致力于提升你的销售员呢？

不妨利用扑克牌游戏中的原则。看看你的团队中，哪些成员应该留下，哪些成员应该离开。

第 3 部分

"传统"销售管理
思想的缺失

大多数领导者的角色是让人们更多地去考虑领导者，而卓越领导者的角色则让人们更多地去考虑自己。

——布克·华盛顿（Booker T. Washington）

每个人的脖子上都挂着一个看不见的标签：请让我感到我很重要。与人合作时，永远不要忘记这个信息。

——玫琳凯·艾施（Mary Kay Ash）

10
第十章

软技能——有效销售
管理的情商力

这是销售旺季的开始，我抖擞精神，与我的销售团队开启了为期数周的探索之旅。这个团队中有一位极其特殊的销售代表，我们不妨叫她丹尼斯，我决心帮助她实现突破，达成她的销售目标。在前几年，她总是接近于完成目标，但每次都在最后时刻功亏一篑。在她所负责的地区，我们很难找到真正的顶尖销售人才，因此，我唯一能做的事情，就是帮助丹尼斯实现自我提高，而不是寻找新的销售员。

我陪丹尼斯进行了几次客户约谈，观察她的客户拜访过程，并在每次拜访结束后对她进行指导。之后，我们会对顺利执行和尚可进一步改进的环节进行总结。每次拜访结束的第二天，我会写一张便条，对销售活动以及需要改进的销售技巧进行概括。

快到年底，在总结这个销售地区时，我们发现，她的目标再次落空。为什么呢？回顾过去，我意识到，导致未能实现目标的原因主要有两个方面：

我没有足够的人员储备。在销售管理上的即时满足确实值得我反思。我并不是每星期、每个月都会抽空组织招募和面试，相反，我安于接受一个水准平庸的销售员。我把成功的希望全部寄托于策略，而不是不间断地寻找人才。

像很多销售经理一样，我为丹尼斯提供的辅导重点集中在销售流程、销售技术和技巧："你还能提出其他什么问题吗？你认为自己在哪些方面做得不错？对潜在客户提出的这个问题，我还可以给出更好的答复吗？"我关注的只是传授和指导销售技巧，也就是销售的硬技能；但却没有考虑软技能——或者说，实现成功销售需要的情商技能。也就是说，我的精力被浪费到错误的方向上。现在，我准备调整指导方法，因为我已经意识到，这个销售员完全不擅长时间管理，每天至少会浪费两到三个小时。其实，她完全可以利用这些宝贵时间去发掘潜在客户，或是留住现有客户。在今天的辅导对话中，我准备向丹尼斯传授销售工具并给她提几个提高工作效率的建议。

在对苛刻挑剔的潜在客户进行销售拜访时，丹尼斯似乎很有想法。结果，在整个过程中，她说得太多，听得很少。可见，丹尼斯销售业绩不佳的原因，不只是缺乏销售技能。今天，我准备和丹尼斯共同研究一下情绪管理需要的各种工具和观点。这次培训会帮助丹尼斯采用合适的销售技巧。

在销售管理中，这绝对是司空见惯的情况。勤恳敬业的销售经理也会浪费宝贵的指导时间，因为他们把精力用到了错误的方向上。他们试图通过传授更多销售技巧来改善销售业绩。在某些情况下，这或许是有效的解决方案。但是在很多情况下，销售业绩不佳的根本原因并不是缺乏能力，而是缺乏情商。

现在，你或许还在想：我刚刚阅读了有关招聘软技能或者说情商力的几章。如果我已在招聘过程对这些技能进行了深入调查，为什么销售员还会遇到这些销售瓶颈呢？

你聘用的是一个活生生的人。通过与数百个销售团队和数千名销售员的合作，我发现，情商力的展现是有条件的。比如说，一名销售员可能拥有高度的共情力。但是，只要把目标压在他头上，这种共情力就会荡然无存。他会在交流中放弃全部非语言交流，因为他现在只关心能否达成交易，而不是了解买家的想法。

如果销售员总是在时机尚未成熟时过早提出解决方案，那么，他们往往需要在提问方面接受更多培训。同样，向他们传授顾问式销售技巧或许也是个办法。但这些销售员最需要的，或许还是自我认知方面的指导。

虽然他们知道要提出哪些问题，但缺乏提出所有问题的耐心。

假设你聘用了一名年轻的新销售员，并让他认识到建立关系和开展对话的重要性。但这家伙是个数字狂人，只喜欢用电子邮件联系潜在客户和现有客户，而不是拿起电话和客户聊聊。这位销售员丝毫不缺少销售技能。但是，你必须认识到，他是一个不喜欢听取建议或接受他人建议的销售员。在这种情况下，指导的核心应该是调查和调整他对建立关系以及开展对话的认识。此时，再去讨论建立客户关系的重要性已毫无意义。

对领导者来说，老师和指导者的任务永无止境，也就是说，学习任务是永无休止的。我们随时需要关注如何掌握更新的技能，让你成为更有效的销售领导者。这就需要学会了解如何传授和指导销售软技能——情商力。

找出导致销售业绩不佳的根源

我们曾接到一位销售副总裁打来的电话，他手下有一名"待处理"的销售员。他觉得很沮丧，因为这名销售员只完成了销售目标的60%。在他的前一份销售类的工作经历中，这名销售员始终是表现最优异的员工。销售经理对她的指导收效甚微。在难以找到替代人选的情况下，销售副总裁始终在通过各种办法帮助这名销售员。

我安排Ei Selling的指导培训师里克负责这个项目。他非常善于传授和指导推销技巧。但在这个以指导为主的项目中，他很快就认识到，缺乏软技能是导致这名销售员业绩不佳的根本原因。销售员始终被自我封闭意识所纠缠。在上任时，她就曾要求取得更高的职位和更大的决策权。但同时，她认为自己没有能力与高层决策者进行有意义的对话。大办公室和大头衔综合征正在成为妨碍她成功的阻力。这位销售员患有冒名顶替综合征——她认为自己配不上以前取得的成功。除此之外，她还在经历家庭问题，这些问题给她带来了巨大压力，影响了她的专注力。

在指导培训项目即将结束时，这位销售员已完成了目标任务的110%。显然，她确实在学习更有效的新销售技巧方面需要帮助。但真正实现销售业绩转变的根源，还是她改善了长期妨碍业绩提升的软技能，譬如，提高了在局限性信念（limiting belief，具有自我否定性、抑制个人实现预期目标的信念）体系等方面的自我认知能力。此外，在如何限制和控制压力等方面的培训和洞见，也让她受益匪浅。

指导销售员学会正确地面对业绩挑战，你的指导会带来更好的销售成果。

几年前，我读了马克·麦考梅克（Mark McCormack）创作的畅销书，名为《哈佛商学院不会教你的商业策略》（*What They Don't Teach You at Harvard Business School*）。其实，我完全可以把这本书命名为《"传统"销售管理学校不会教你的商业策略》。虽然很多有眼光的大学也在销售管理课程中讨论情商话题，但还是有很多管理者未接触过这样的课程。或者说，在他们上学读书时，还没有学校开设这门课程，而且也不知道该如何传授和指导销售成功所需要的情商力。

在本书的下个部分中，我们的重点不再是传授和指导销售管理机制，譬如销售漏斗的管理、销售拜访的设计和总结等。我们专门提供了这方面的培训课程，而且还有很多优秀的销售管理类书籍、博客和播主，也在关注销售领导力这个领域。

本书的下个部分旨在帮助销售管理者更好地传授和指导销售成功所需要的一种软技能——情商力。作为销售经理，去看看"传统"销售管理学院没有教给你的知识吧。

第十一章

情绪管理与
销售效率

前联邦调查局（FBI）人质谈判代表、NBA 教练和顶级销售员，这些人都有哪些共同点呢？那就是在面对挑战时的情绪控制能力。在销售这个行当中，销售员面对的挑战不只是潜在客户、现有客户和销售谈判。

克里斯·沃斯（Chris Voss）是美国联邦调查局前国际危机谈判专家，著有《掌控谈话：解决问题的关键技能》（*Never Split the Difference：Negotiating As If Your Life Depended On It*）一书。在最初看到克里斯的这本书时，我相信，其中一定收录了大量针锋相对、舌战群儒的谈判策略案例。在书中，他讨论了谈判和讨价还价技巧在联邦调查局工作中的重要性。但克里斯也提到了心理技能，或者说所谓软技能的重要性，这也是危机干预环境中不可或缺的能力。他和团队成员深刻地认识到，情商、情绪管理和共情思维在帮助当事人恢复冷静，建立融洽关系和互信方面的价值。

《11 枚戒指：禅师菲尔·杰克逊自传》（*Eleven Rings*）的作者菲尔·杰克逊（Phil Jackson）是一位功勋卓著的 NBA 教练。他带领自己的球队先后获得过 11 次 NBA 冠军，其中有 6 次是带领芝加哥公牛队夺冠，5 次率领洛杉矶湖人队夺冠。他之所以被称为"禅师"，是因为他把冥想引入到球员的培养和训练中。杰克逊认为，冥想对于建立一支杰出的篮球队非常有益：

尽管正念冥想源于佛教，但它的确是一种易于让躁动不安者平静下来，并将注意力转移到眼前事物上的简单方法。对于那些经常在巨大压力下需要瞬间做出决定的篮球运动员来说，这种思维非常有意义。我发现，在让球员安静地坐着，并同步进行深呼吸时，他们的身心可以更有效地协调，这种非语言层面的和谐远非语言所能达到的。每一次深呼吸就会让他们的心境更加平和安宁。

你或许可以找到房间中最聪明的那个销售员。但如果你聘用的这个人不能理性控制情绪，无疑会影响到他们达成销售成功的能力。就像人质谈判专家和运动员一样，销售员也需要具备在压力条件下采取正确销售行为的能力。他们必须具有强大的情绪管理能力。

避免"激发 – 反应 – 后悔"式恶性循环

很长时间以来，我一直在研究人类行为。但对于情绪如何影响个人采取持续有效行为这方面的知识，我始终未能给予足够重视。

因此，我需要听听专家在积极肯定（positive affirmation），或者说积极性自我暗示（positive self – talk）方面的观点，比如说，"我喜欢自己。我有信心。我很冷静。"我的自助工具库似乎有点像旧版《周末夜现场》节目中的人物斯图尔特·斯莫利。

当某个事物或人物出现时，我的情绪会受到激发，并做出反应，但稍后就会感到后悔。我把这种情绪变化过程称为"激发－反应－后悔"循环（如图 11－1）。

图 11－1　情绪变化过程

正如美国作家安布罗斯·比尔斯（Ambrose Bierce）所言："在你愤怒的时候大喊大叫，而后，你注定会为你的发泄后悔终生。"遗憾的是，我也干过这样的事。

情绪管理是销售主管必须讨论、传授并掌握的一项技能。在关键的销售谈判过程中，如果没有良好的情绪管理，再好的销售技巧也无济于事，只会让双方不欢而散。强化针对情绪管理技能的教育和关注，有助于销售员避免陷入"激发－反应－后悔"的恶性循环。

情绪管理对销售结果有何影响

不妨看看一个假设的销售场景。你的销售员正在与三个潜在客户进行沟通。其中两个潜在客户对销售员有好感。而第三家潜在客户似乎对这位销售员不太感兴趣。识别出那个不喜欢你的潜在客户，其实非常简单。他会用简短敷衍的语句回答问题，或是轻描淡写地回复你，比如说，"你是这方面的专家……你干脆就告诉我算了"。或者潜在客户采取了新对策，当销售员试图进行顾问式销售对话时，他们会漫不经心地掏出智能手机回复信息。

没有情感管理技能，销售员的情绪很容易受到刺激，并自发地做出战斗或逃跑反应（fight or flight）。

逃跑反应的含义恰如其分

- 销售员采取自我保护的态度，进而开始提高说话的音调和速度。在采取这种反应的情况下，你在上次销售会议上讲授的各种有助于创建和谐关系的技巧，都会归于无效。

- 销售员与潜在客户在产品知识上互不相让。销售员使尽浑身解数，展示自己高超的专业知识，在会谈结束时，纠缠不休的潜在客户终于意识到自己对产品的了解其实非常有限。到头来，尽管销售员赢得了这场针对产品知识的口水战，但却丢掉了生意。

战斗反应则恰恰相反

- 在反映汽车配件商人的著名影片《乌龙兄弟》（Tommy Boy）中，我们可以看到这种心理模式的体现。当潜在客户提出异议或有针对性的问题时，销售员很容易自发采取"好的，好的"这样的行为模式：我不管了；我挣得这么少，没有必要忍受这些；我过几天（几个月，几年）再给你打电话吧……请记住，尽管你和团队针对客户异议的情况进行过研讨，但这种行为仍会发生。

- 不妨设想一下这样的情境：发短信的潜在客户终于抬起头，开始和销售员讨价还价。"你知道，很多人都想和我们做生意。这个价格是你能给我的最优惠价格吗？"谈判策略在情感上触发了销售员，而打折引发了遗憾反应。这听起来有点是20世纪70年代比吉斯（Bee Gees）的歌曲《Stayin》现场版中的片段。"是啊，我觉得我们可以在降价10%的情况下做这笔生意。还是不行……得减少20%？"现在，销售人员实际上是在和客户谈判！等等，您不是刚刚送这位销售员参加了销售谈判培训班吗？现在，他怎么能在无任何策略的情况下给客户打折呢？

不妨再看看另一个销售情景：在这种情况下，积极的情绪同样会导致销售谈判偏离正轨。你的销售员正在拜访一位心情愉悦、热情开朗的潜在客户，他的每句话都没有错误。"这看起来真得很有趣。我们始终在寻求改善。你知道，如果不能让您开心，那就是我们最大的失败。"

这无疑是客户最愿意听到的语言。最后应该是很容易想象的场面：潜在客户认识到销售员所推销产品的价值。但由于大喜过望，销售员很快就忘记公司设计好的销售脚本。因为他自认已经"胜券在握"，于是，这位销售员直接略过评价标准提问和销售阶段。好说话的潜在客户请他把这些信息整理一下，销售员欣然应允。

在销售员回到解决方案的话题时，沟通的画风突然反转。原本主动、亲切的潜在客户开始抛出各种借口，比如说，"我们实际上已经做得很好了，我需要把这件事层层上报"，或是用最常见而且又屡试不爽的借口，"这比我想象的贵太多了"。（我们想要得到更好的东西，但又不想投入任何资金去获得更好的东西。）显然，另一个想法似乎已经在客户的脑子里酝酿了。

很多销售经理会挠着头问道："我为他们提供了所有的出色培训和知识，到底发生了什么呢？"其实并没有发生什么，只是情绪主宰了你的销售团队的会谈，而不是有效的销售和影响力技能。这就是传统知识和实践之间的差距。

有效销售的神经科学

当然，首先需要向你的销售团队传授硬技能——顾问式销售技能，或者说，销售智商。但还需要拿出同样的时间向销售团队传递情商技能，即，销售情商。我建议，销售管理者首先应该讲授一个新的概念——有效销售的神经科学理论，简单地说，就是情绪管理。

当然，要向你的销售团队传授这些基本概念并不需要你成为一名神经科学家。最简单的做法，就是带领销售团队对人类大脑进行深层次的研究，在这里，我们首先从如下两个领域开始，它们影响到销售员是否能始终采取正确的销售技能。

探索的第一站是前额叶皮层，这个部位通常被形象地称为大脑的执行中心。就是在这个部位，人类进行符合逻辑的理性思考。同样在这里，大脑进行有意识的学习，从而形成解决问题的能力和良好的判断力。

第二站是杏仁核，也就是所谓的爬虫脑。大脑这个部位的形成大约经历了近 20 万年，可见，这个进化过程非常缓慢。像前额叶皮层一样，杏仁核也要执行很多任务，而它的首要任务就是保证人的安全和生存。杏仁核始终在扫描我们的周遭环境，寻找可能的威胁源。对销售员和销售经理而言，这里就更有趣了。

面对到威胁——无论是感知的威胁，还是真实的威胁，爬虫脑都会接管我们的逻辑大脑，即前额叶皮层。在这种情况下，人通常会采取战斗或逃跑反应。当销售采访无法按预定计划进行时，顾问式销售培训技能就会荡然无存，负面情绪跃然而出，主宰了销售对话。

作为全球知名的社会心理学家，丹尼尔·戈德曼的最大成就将心理学从学术界引入商业世界。他的开创性著作《情商》（*Emotional Intelligence*）对这种反应做了很好的总结："在杏仁核被激活时，它的作用就像是一个把危机信息传达到大脑各个部位的入侵检测系统。这个消息传递让整个身体产生一系列生理反应。"

其中的一种反应就是释放皮质醇，这是一种应激性激素，会影响思维的清晰度。此外，我们还会出现心率加快、呼吸加速和血压增加等其他反应。这些非生产性反应会让你的销售员陷入"激发－反应－后悔"式对话。

我们都参加过销售会谈，并在反思时给自己提出问题："我真的说过这话吗？哦，我为什么不那样说呢？"之所以会有这样的遗憾，就是因为情绪破坏了销售会议的效率和影响力。

无论销售活动所面对的环境如何，拥有较高情绪管理能力的销售员都能在必要时创造出最佳绩效。作为一名合格的销售经理，应该帮助销售团队了解可能激化情绪并破坏销售对话的人、地点或条件。

情绪管理与自我认知

要改善情绪管理，就必须不断强化自我认知。用苏格拉底的话说，就是要"认识你自己"。没有自我认知，销售员（和销售经理）必然会不断重复相同的错误，因为：

你没有认识到的东西自然是无法改变的。

教导并鼓励你的销售团队在每天工作开始之前，抽出一段时间让自己宁心静气。让你的销售团队成员在查阅所有电子产品之前，首先检查自己的心理状态。

只有在安静平和的状态下，销售员才能思维清晰。混乱的头脑永远不会有清晰的思维。嘈杂的头脑不会让你思路敏捷。通过自我认知的改善，可以帮助销售员对有可能导致他们陷入"激发－反应－后悔"循环的刺激形成清晰的洞见。

与你的销售团队分享以下问题，有助于团队成员在与潜在客户、现有客户及同行的日常交流中做出更好的选择。

昨天出现的哪些触发因素，促使我做出了最终让自己后悔的反应？

- 我怎样才能改变对这些触发因素做出的反应？

我自己是不是那个触发因素？我的沟通方式、强度或语调是否导致我的潜在客户、现有客户或同伴下意识地做出战斗或逃跑反应？

- 为打造安全有效的对话，避免陷入自我防御的对话，我需要采取哪些调整或适应措施？

在我今天与潜在客户、现有客户或同伴进行的互动中，会遇到哪些难以克服的触发因素？

- 我应该怎么做，或是说什么，才能让互动的结果朝着积极方向发展？

我见过很多销售员，他们一生时间都在转轮上飞奔，周而复始，一遍又一遍地处理相同问题。这种行为模式让他们感到筋疲力尽、懈怠厌倦和自我怀疑。所有这一切，都无助于销售员享受销售职业带来的快乐，当然也无法拿到更多的订单。

在一对一指导训练或团队会议中，要不断提醒你的销售团队，拿出时间去自省和反思。重复是掌握任何一门技巧的关键，因此，请大家不断重复下面这句话：

你没有认识到的事情自然也是无法改变的。

你没有认识到的事情一定会重复的。

管理好你的情绪高速路

在现实中，销售员有时确实难以避免对触发因素做出情绪化的反应，因为他们并没有充分思考，从而引发自己做出不同的反应。

这就像在高速公路上开车一样。突然间，不知道从哪里冒出来一辆超速行驶的汽车，并以超过 100 英里的时速驶过你。情绪也会出现这样的事情，因为爬虫脑会瞬间做出反应。它会迅速超越销售员的逻辑头脑和合理判断力。

虽然销售员可能无法立刻避免做出战斗或逃跑反应，但是，你完全可以教会你的销售团队，学会克制自己的情绪化反应。

重构（reframing）或者说重新评估，是一种可以帮助销售员从非理性、生存思维转向理性思维及行动的强大工具。重构可以让人们改变对某种情况做出的解释，也就是说，以新的模式重新认识现有场景或是现有的销售情景。

在深入探究情绪反应的根本原因时，我们会发现，大多数情绪源于销售员讲给自己的故事。我们每个人都是优秀的小说家，但是在我们的故事中，最主要的角色往往是恐惧。这种情绪最有可能导致我们采取错误的行为或是不作为。恐惧只会带来负面情绪和不利的销售结果。

销售员的故事："我是这个行业的新手"

销售员会害怕被人发现自己的缺点，担心被问到不知道答案的问题；担心潜在客户对产品或服务比自己知道得更多；因为担心被人们贴上愚蠢的标签，销售员会刻意规避客户机构中的真正决策者。也正是因为担心，他们才会不断造访没有购买权限，但能给他们带来安全感的潜在客户。

因此，领导者需要帮助销售员重新设计他们的故事。改变故事，改变情感化反应，进而改变销售结果。在指导培训中，通过新的问题重新设定有可能恶化的销售情景。通过以下问题，可以帮助销售员深入认识他们讲给自己的负面的，甚至是虚假的故事。你没有认识到的事情自然是无法改变的。

做行业新手有什么好处

- 我没有任何偏见和先入为主的假设，因此，我可以用全新视角看待问题。
- 因为我是新人，因此，我自然会感到更好奇，提出更多的问题和更好的问题。我甚至不知道该如何参与产品促销活动！

如果你没有答案，可能出现的最糟糕的事情是什么？如果你不知道答案，你会做出怎样的反应？

- 我有一支出色的团队，他们可以让我找到答案，让我能迅速跟进潜在客户或现有客户。考虑到后续跟踪潜在客户及现有客户是最有可能出现抱怨的环节，因此，我需要控制这些活动。

以改变问题来改变情绪

如果潜在客户或现有客户较为激进，在某些情况下甚至会采取攻击型模式，情绪就很难控制了。由生存大脑激发出来的自然反应，就是反击、防御和寻找借口。

让你的销售团队学会体验暂停的力量。停下脚步，静下心来，放飞自我，走出自己的思维牢笼，设身处地站在潜在客户或现有客户的立场上思考问题。放慢脚步，提出最有力的问题：

- 这里还发生了什么？
- 是什么让这个潜在或现有客户做出反应，或者反应过度？
- 这个人担心的是什么？

通过这些问题，销售员把对话从他们的爬行脑转移到前额叶皮层，也就是说，从冲动和感性转为逻辑和理性。而销售员的行为方式也从自我保护转变为好奇，进而激活他们的共情力。

- "我想知道，这个潜在客户是不是根本就不知道正确的问题是什么。或许这就是他为什么一直在询问价格的原因。"
- "嗯……我想知道，这个潜在客户是否承受了很大压力，我是否能接受他的压力？"

改变问题，你就可以调整情绪，进而让你的行动发生变化。

一部电影中曾有这样一个有趣的情节：在一家高档酒店，礼宾部负责人正在训练酒店培训生学习如何迎接和管理客人。针对如何与心情不好的客人进行对话这一问题，负责人通过重新设置对话方式提出了非常好的建议。

"请记住，如果我们的某一个客人不高兴，他们并不是真的不高兴。他们只是有点担心。他们担心自己花的钱买不到应得的服务。"

这确实是一位非常有智慧的导师，其实，他正在教导这些培训生学习共情思维，这种思维有助于重新构建对话模式，更好地与心情不佳的客人进行沟通。这种共情思维可以消除客人的恐惧心，也让培训生在有挑战性的客户对话中避免陷入"激发－反应－后悔"循环。

但最重要的，就是要告诉你的销售团队：在赢得一笔新业务的过程中，最大的敌人并不是你一眼就能看到的对手，或是众所周知的对手；而是难以摆脱的"销售鬼魂"——以往不悦的经历，始终在他们的脑海中徘徊，挥之不去。多年来，你的潜在客户和现有客户肯定和很多销售员打过交道。遗憾的是，很多销售员善言不善行，喜欢夸大其词，过度承诺，但又无法兑现。导致潜在或现有客户固执己见、难以说服的一个重要原因，就是他们担心再次被欺骗，被戏弄，被销售员不负责任的大话所蒙蔽。他们会思考过往的遭遇，不自觉地采取自我保护心理，因为这就是他们以往解决问题的唯一方法。

要让你的销售团队学会使用一个非常重要的重构问题："我想知道，这次销售对话中出现了哪些令人惊悚的'销售鬼魂'？"

向自己提问这个强有力的问题，以改变销售团队的情绪基调和破坏性反应。

做深呼吸练习

沮丧的客人、潜在客户提出的棘手问题或是某些谈判策略，都可能会激活爬虫脑。于是，我们的身体会立即做出反应——准备战斗或逃跑。

在这种情况下，急救人员、军人和运动员会采用科学的呼吸方法，缓解压力，让自己保持冷静。在销售业务中，有些销售会谈感觉就像是在群殴和战斗！

因此，不妨让你的销售团队学会发挥深呼吸对情绪激动的强大抑制力。尽管深呼吸这样的事情确实再简单不过，但它们却向大脑的欲望中心，或者说爬行脑发出一个信息：一切都会好起来的。深呼吸可以帮助销售员重新控制自己的情绪，这样，纵然身处最艰难的销售情景，他们依旧可以采取正确的销售行为和技巧。实际上，即便在和我们的爱人或是孩子交谈时，深呼吸也是有好处的！

帮助你的销售团队学会克制情绪，保持理性和镇定，让他们在最艰难的销售环境中，依旧能采取正确的销售行为。

■ 销售管理者的情商行动计划 ✍

1. 指导你的销售团队掌握与销售有关的神经科学原理，即，情绪管理。就像美国联邦调查局前国际危机谈判专家和 NBA 教练那样，去训练你的队员。

2. 改善销售团队的情绪自我认知。鼓励他们以静心和内省开启每个新的
   一天。不再重复同样的销售错误。

3. 启发你的团队,让他们理解重新构建销售故事的作用。

4. 指导你的销售团队通过提出重构问题的方式去管理情绪。

5. 不要忘了做深呼吸!

第十二章

共情力与影响力

　　很多年以前，我的一个团队成员出人意料地辞职了，而且他的离职方式极其不专业。作为团队的重要一员，这个人的离开，显然不是用一句"算了吧"就可以让我释怀的。在个人和职业发展方面，我都在这位知名销售员身上投入了大量的时间、精力和资金。我以为我们两个人之间的战友关系会无坚不摧，因此，他的突然离开让我感到震惊，无法接受。他的离开也让我想到了很多东西。

　　首先是自我怀疑。我开始反问自己，我到底是一个什么样的领导者，会让我最期待的员工采取这种方式离职？我感到愤怒，我不敢相信竟然有人会这样做。我感到害怕，谁来接替这个人留下的空缺？

　　在随后的一周，我参加了同行咨询小组的每月例会，和同事们提到了这件事。大家为我提了很多好建议，更给了我很多支持。"科林，你会好起来的。每次遇到员工离职这样的事情时，我都能找到更优秀的人选。""这或许是你重新调整岗位设置的时候，恰好可以给你一个重新定义职位描述的大好时机。""这方面有很多人才可供你选择。当你找到替代人选，你没准会大喜过望呢。"

随后，咨询小组的一位同仁发表了自己的看法。他看了我一眼，稍稍停顿了一下说："科林，其实，你只是受到了一次不公正的打击。这感觉不是挺好吗，对吧?"

这时，我们谈论的基调发生了变化，我似乎听到了我最愿意听到，也是最有价值的建议。我终于可以感受到大家对我的支持和鼓励。

谈话之所以会发生变化，是因为这位同事表现了强大的共情力，他说出了我的真实想法和感受。他没有使用诸如"你肯定会感到难过"或者"这肯定会让你失望"之类无关痛痒的言辞。相反，他直指我的思想深处、我的内心世界，完全站在我的立场上，准确揭示出我的内心感受。我确实觉得自己受到了打击。

在向团队成员传授共情力时，这是最重要的一项原则。只有人们觉得你能听到他的心声时，他们才会真正听从你的建议。不管是潜在客户，还是现有客户，他们首先是人，如果他们觉得销售员并没有聆听自己的内心世界，他们就不会听取销售员的解决方案，不管这个方案有多么出色，多么完美。

培育共情力的难点

每个时代的销售领导者都会在实现销售目标方面遭遇不同挑战。共情力是体现关注力的第一位，也是最重要的能力，而时至今日，最大的挑战就是很多销售员和销售领导者正在丧失关注力。而结果则显而易见——他们缺乏展示共情力的能力。

今天，影响人们专注力最大的干扰因素之一，就是智能手机。对很多人来说，智能手机已成为成年人不可或缺的"伴侣"。没有了智能手机，人们会感到无所适从，甚至无法生存。但问题是，当一个人手里握着这个成年"伴侣"时，他们注定不能做到全神贯注。当一个人向另一个人发送一条清晰的信息，告诉后者某件事很重要，但实际上，重要的不是信息的内容，而是这条信息本身。可悲的是，当下很多人的新常态不过是在进行这样的"半对话"。谈话的一半是和他人进行语言交流，而另一半就是他们的手机，唯恐错过手机上闪过的任何一条信息，尽管很多信息毫无价值。毫无疑问，智能手机显然不是开展有共情力的深度对话的绝佳平台。

我还要重复一次，而且我会一次又一次地重复：共情力是一项需要专注力的技能，而且唯有通过认真观察你对待他人的言行举止，才能得以形成。这就要求我们抬起头，向上看，或是向我们的周遭看；而不是低着头向下，盯着我们的计算机或手机屏幕。善解人意、有共情力的销售员不仅善于口头交流，还善于进行非语言沟通。简而言之，要和潜在客户或现有客户建立深厚的情感纽带，你的销售员就必须站在客户面前，展现出成功所需的特质。

2010年，根据30年来对大学生进行的72项研究成果，密歇根大学社会心理学家萨拉·康拉特领导的研究小组发现，在大学生这个群体中，共情指标（表现为了解和识别他人情感的能力）下降了40%。该指标在2000年之后的下降幅度最大，这促使研究人员把这种现象和新数字通信技术的出现联系起来。因此，作为销售领导者，改变这个统计数字的时候到了。

销售团队要学会善解人意

如果销售员不了解、不关心或是未能展示潜在客户及现有客户所想所感的东西，那么，他们又如何能影响其他人呢？

答案是显而易见的：根本就不能。

我们都听说过一句卖家经常说的话："人在买东西的时候，靠的是情感，而不是逻辑。"毫无疑问，这句话到现在也不是陈词滥调，它恰恰告诉你的销售团队，最优秀的销售员和影响者是如何与潜在客户与现有客户建立情感纽带的。

《勇于领导》（*Dare to Lead*）一书作者布琳·布朗（Brene Brown）为我们讲述了表现共情力的一个方面。

要理解他人的情感并和他人沟通我们对这种情感的理解，首先需要我们了解自己的情感。

一个拥有良好情感素养的销售员，首先需要了解自己的内心世界，只有这样，才能真正判断他人的情感状态，并做出合理的回应。也就是说，销售员只有先学会调整自己的情绪，而后才能去理解他人。无论是人际关系，还是专业关系，这种理解都是建立良好关系的基石。

因此，对销售员来说，在百忙之中给自己找出宁静、冥想的时间非常重要。只有在心平气和的状态下，他们才能合理调整自己的情绪，真心体验自己正在思考或是正在感受的东西。也只有在宁心静气的状态下，他们才能理性反思自己的言行举止会给他人带来什么影响。

鼓励你的销售团队深入体验自己的情感世界，因为我们所有人都容易把情感状态简化为共性特征。比如说，我可能会说，我很生气——但是通过反思和内省，我会意识到，自己实际上只是感到失望。销售员会说，他们很紧张，但实际情况是，他们只是感到害怕，紧张与害怕完全是不同的两种情绪状态。当销售员搞砸了一次销售拜访时，他会向你发泄心中的不满。但是通过深入挖掘，你会发现，他其实并不伤心，他只是因为刚刚在潜在客户面前经历失败而感到尴尬。如果这位销售员能合理调整情绪，那么，他就不会让自己停留在情绪发泄的陷阱中。在这种情况下，他会更好地感知潜在客户与现有客户的真实情感温度，更正确地揭示客户的真实想法或感受。

共情力的现实手段

在传授这种功能强大的技巧时，销售经理往往不得其所。他们经常会把共情力和验证或措辞技巧混为一谈。

尽管这些倾听技巧确实在整个销售对话中都很重要，但它们并不是真正的共情力。

验证或措辞技巧的含义就是重复潜在客户或现有客户的观点，以确保双方在理解上保持一致。而共情力的内涵则是体会一个人正在考虑或感受什么，但这就带来了问题：潜在客户和现有客户的所言往往并非他们真正的想法或感受！

对此，管理大师彼得·德鲁克（Peter Drucker）博士做出了非常精辟的总结："在交流中，最重要的事情，是听懂对方没有说出口的话。"

我们可以用一个例子，说明销售员是在运用验证技能而非共情力的情景。销售员正在和一位潜在客户会面，客户提到自己的经营问题，这也是让他感到难受的地方:"目前供应商的响应速度很慢,这让我们感到非常沮丧。我们始终不能及时收到电话或任何电子邮件。"如果销售员这样回答,"我理解您为什么这么难受。如果我没理解错的话,您已经对目前的供应商感到无可奈何,因为他们回复电话和电子邮件的速度还不够快。"那么,这个反应体现的主要是验证技巧,很少涉及共情力。

哎,这个销售员肯定会错过与这位潜在客户建立情感纽带的机会。他只是在简单重复潜在客户的话,但根本就没有对客户的真正想法或感受发出共鸣。

富有共情力的销售员能描述出潜在客户的内在情感,以及他们为什么会有这样的情感。

- 这位潜在客户的挫败感或许是源于自卑感,因为他主动接受了卖家的商品,现在,他不得不接受因为选择这个糟糕供应商带来的问题。
- 潜在客户的挫败感或许来自压力。"我把全部时间都用来应付失望的客户,全都是因为这家供应商总是不能按期供货。"
- 给潜在客户带来挫败感的真正根源或许是自我怀疑。"我认为,当时在审核这家公司时,它已做得很好了。我甚至根本就不知道到底哪出了问题,以及我怎么做才能在下次采购时做出更合理的决策。"

拥有高情商的销售员更善于融入语言和非语言交流。他们会合理调动自己的情绪,联想自己经历类似想法和感受的时刻。因此,在回应潜在客户关注的话题时,他更能表现出共情力。

因此,一种更有效,也更善解人意的回应或许是:客户先生,如果我处在您的位置上,我可能会觉得自己就像是常见销售陷阱的受害者。目前的这家供应商给了您很多许诺,但却很少兑现。您可能在想,我是否也是为了赢得订单而去说一些花言巧语。我不知道我对这种情况的解读是否正确？一个有共情力的销售员会耐心等待客户的回答。即使答案是否定的，但从我的经验看，潜在客户依旧会对我敞开心扉，纠正我的观点，并讲述他们的真实感受。

在现实世界中，共情的内涵就是发现潜在客户的真正思想或感受。共情力会引发更深层次的销售对话，也就是说，是潜在客户或现有客户都渴望参与的对话。他们早已对循规蹈、内涵肤浅的对话感到厌倦。他们希望参与到更接地气的对话中。

共情力能在人与人之间创建起真实的情感纽带。当销售员与客户建立起这种情感纽带时，他会让对话得到升华。当对话得到升华时，对话自然会发生变化，而业务关系也将随之而变化。

共情力改变了销售对话。

共情、异议和销售大象

在我很多年前开始销售产品时，有人告诉我，至少要克服客户提出的七次异议。我真得应该回过头，为我给所有潜在客户带来的痛苦表示歉意。可以肯定的是，面对我的咄咄逼人，他们的爬虫脑在大喊："危险，危险……这个销售员是个不达目的不罢休的家伙，他绝不会让你在没签署订单的情况下离开。"

幸运的是，我学到了用更好的方法处理异议。这个方法就是利用我的共情力提出潜在异议。有共情力的销售员会解读潜在客户没有说出的内心语言，并主动提出客户可能出现的忧虑和异议。在销售培训研讨班中，我们把这称为"房间里的销售大象"。（实际上，在我们的培训研讨班上，我们使用的是一只叫艾迪的毛绒大象玩具。）

共情力是处理异议的一种关键技能。不要再教导你的销售团队去克服所谓的异议。相反，你需要教会销售团队适应无声的对话和无声的反对。当销售员一味地去克服异议时，他实际上是在防守和逃避，而不是在进攻。因此，销售员很容易发力过猛，迫使潜在客户做出战斗或逃跑的反应。这时，客户他们的大脑会突然停止工作——谈话会就此搁浅。

提出异议，尤其是无声的异议（即销售大象）的销售员会提高双方之间的互信度。潜在客户会认为："这位销售员确实了解我的内心世界。他并没有想方设法地把商品强卖给我。他很理解我对变化、费用以及和新供应商合作的顾虑。"

这种方式规避了肤浅的对话，即，围绕变化、购买或促成交易等实际问题而进行的讨价还价。

共情力、影响力和销售成果

玛丽是一家人才招聘公司的顶级业务员。玛丽的努力让她在与潜在客户的第一次会面中取得了回报，这家客户对目前提供招聘服务的供应商很不满意。很多顶级销售员都在等着和这家客户进行更有成效的会议。这家客户遇到了业务问题，这与玛丽心目中的理想客户较为匹配。她正在和该公司的首席执行官进行沟通，后者很强势，而且对投资非常谨慎。

在前期试探性的客户拜访中，潜在客户提到了人员频繁更换以及文化错配等问题。在会谈期间，玛丽提出了所有的顾问式销售问题（销售智商）和启发性问题，并取得了良好效果。潜在客户很高兴，并发出了希望购买的信号，但也提到了对更换供应商的担心。他向玛丽询问了公司规模等问题，因为他们目前签约的招聘公司比玛丽的公司大得多。双方决定继续沟通，做进一步的探讨，并准备第二次会面。玛丽对此充满信心，她认为完全可以向客户提出一个更有效的高级人才招募计划。

在这次会议上，潜在客户看起来似乎不像第一次会面时那样坦诚。玛丽非常迫切地想提出经过深思熟虑形成的建议，以至于完全没有注意到潜在客户做出的情感暗示——非语言对话。

这家客户似乎很好说话，他希望玛丽用两天时间提出一个成型的方案。于是，玛丽为下一步措施制订了一份明确的计划，但是在联系潜在客户时，她却得到了这样的答复："我们决定继续和现有的招聘公司合作。"

到底发生了什么呢？玛丽在会谈中展示出高超的销售智商，提出了正确的问题，而且与正确的买方代表进行了沟通，也揭示了对方的预期投资预算。她为后续行动制定了明确的措施。但是，玛丽在这些销售会谈上忘记了共情力——也是最重要的销售情商能力。她没有注意到"房间里销售大象"的无声反对。

玛丽没有通过换位思考，设身处地为潜在客户着想。潜在客户也意识到，目前的供应商可能确实很平庸。但是，他的爬虫脑让他惧怕变化和未知。当大脑的这一部分主宰决策过程时，就会提出这样的问题："你怎么知道这家新公司肯定会让事情变得更好呢？这是家规模很小的人事招聘代理机构。他们真能满足像我们这种规模的大机构的需求吗？"

如果玛丽能理解潜在客户在更换供应商时的真正想法或感受，那么，她完全会取得更好的销售结果。比如说，"吉姆，我完全能理解，你会对更换供应商可能会感到顾虑。而且，如果我处在你的位置上，我会有两种担心。其一是变化带来的烦恼……值得为这担心吗？再就是我们公司的规模。我们真的拥有为贵公司提供服务的资源和实力吗？不知道我对您的处境理解得是否正确吗？"

如果是这样的话，谈话就会发生反向变化，因为玛丽已经完全深入客户的心扉，开始设身处地为客户着想。沟通从只关注表面的浅层次对话转为有可能促成方案销售成功的深度对话。

提醒你的销售团队，展现共情力并不需要接受他人的观点。相反，他们需要做的，就是尽可能地从这个人的视角去认识世界。如果无法陈述其他人的观点或感受，你又怎么能去影响他人呢？

肯定不能。

不要错过销售会议后的沟通

请注意，当你指导销售员学会主动提出"销售大象"这个概念时，你的销售团队可能会感到紧张。他们会反对这种方法！销售员错误地认为，提出异议会让销售拜访偏离主题。但事实并非如此。如果销售员不注意销售对话中的发展动向，他们会失去在销售拜访后继续沟通的机会。

大家应该知道我说的是什么意思。

销售员匆匆忙忙地结束会面并离开客户。但客户会继续讨论这件事，而这才是真正的会议。毕竟，决定是否采购的决策者聚在一起，开始讨论对更换供应商、投入更多资金或进行采购的担忧和顾虑。这时会议是在没有销售员出席的情况下进行的，整个讨论无须销售员从中协调。这些对话往往建立在虚假的信息、看法或是以往与其他销售员的负面体验之上。

潜在客户的担心可能包括：

- 时机是否合适？
- 我们能否承受业务中断带来的损失？
- 我们怎么知道这家供应商能真正交付他们所承诺的服务呢？
- 他们是一家小公司……他们真能为我们这种规模的组织提供服务吗？
- 他们是一家大公司……我们是否只是为他们增加客户数量贡献了一个数字呢？
- 他们在我们这个行业中的业务并不是很多……我们是否需要花费时间和资金帮助他们在这个领域发展业务呢？
- 我想知道，我们是否可以自己做这件事？
- 他们只有 5 年的经营历史。他们的财务状况稳定吗？
- 他们的服务价格更高。我们的投资能带来合理的回报吗？

这样的问题还有很多……

我已经做成了不止一笔交易，因为我始终善于运用共情力，关注潜在客户发出的情感暗示，从而引导客户围绕"房间里的销售大象"展开讨论。

实际上，我还记得我第一次进行销售拜访时的情形。那时，我对自我认知和共情力的认识还处于一知半解的水平，因此，唯一能帮我找到销售大象的就是勇气。

董事会会议室里的销售大象

多年前，一位合作伙伴为我推荐了一个律师事务所项目，目标就是帮助这家事务所改进业务开发的策略和技能。我们的会面在一间环境优雅的董事会办公室进行，事务所的八位合伙人参加了会议。我们围绕培训目标和成果进行了卓有成效的对话。而后，双方的沟通从对话变成盘问。一位合伙人关心的问题是，我是否能对项目成果做出保证。他向我询问了几个关于"销售学位"的问题，并请推荐人介绍我的职业资历和历史业绩。我知道，这位买家有很强的分析能力，而且需要大量数据。但我也知道，在这个房间里，还有一个不言而喻的异议亟待处理。"我很高兴有机会向各位推荐这个项目，不过，在考虑签署任何类型的业务开发培训项目前，我们应该看看公司真正需要解决的问题是什么。在您的公司里，每小时的薪酬标准在 350 到 600 美元。真正的挑战不是我们的培训方法或是专业知识。我们培训的内容当然是有效的，但前提是必须有客户本身的配合。因此，真正的挑战是说服你的团队成员参与培训。我猜想，有些人可能认为，培训就是花钱，不能赚钱。"销售大象就坐在那张漂亮桌子的中间，鼻子扬起，一言不发。然后，会议室里爆出一阵笑声，因为所有合伙人都知道，我是对的。最终，我们实现了合作，而且我坚信，我们赢得这项业务的一个重要原因就在于我们敢于提出无声的反对。我没有错过会议之后的沟通。

指导、练习和重复

重复是学习的关键，而提高共情力则需要大量的重复。我喜欢在拜访规划和拜访总结过程中不断提出和解决问题，实际上，这也是销售指导的基本方法。

"潜在客户为解决这个问题采取过哪些措施？"

"这个业务问题还会在哪些方面对潜在客户产生影响？"

"潜在客户对变化的接受程度如何？"

"他们针对采购制定的决策流程是怎样的？"

同样重要的是，就是要在你的培训课程中包括针对共情力的指导。这就要求你不断提醒销售团队，不要自以为是，要学会换位思考，从潜在客户和现有客户的视角看待问题。设计出有助于改善自我认知和提升共情力水平的培训问题。

"你认为潜在客户在更换供应商时最担忧的是什么？"

"我们的服务富于新意，极具创新性。你认为，在购买一项尚未经过实践经验的服务时，潜在客户会有哪些担心呢？"

"听起来，你的决策者似乎忙得不可开交。对这个人来说，每天的生活应该是怎样的呢？即使他们从理性出发，知道自己需要做出改变，但爬虫脑会对增加工作投入的认识做出怎样的反应吗？"

"你的个性风格会如何影响到与客户的对话呢？"

"你是否正在主动适应潜在客户，还是在迫使潜在客户做出战斗或逃跑式反应？"

共情力是一种强大的影响力技能，它的形成需要很长时间，而且唯有通过持之以恒的训练和重复才能掌握。因此，必须把共情力训练作为销售培训过程的一部分。如果你不了解或是不关心其他人的想法或感受，你又怎么能影响到他人呢？

　　肯定不能。

■ 销售领导者的情商行动计划 ✐

1. 改善销售团队的情绪自我认知能力。要求他们识别自己的情绪，从而更好地适应潜在及现有客户的情绪。

2. 传授关注力的价值并以身作则。

3. 指导销售团队认识共情力的内涵及其与现实表现形式之间的差异。

4. 首先引导销售团队掌握共情力的作用，而后再提出建议和解决方案。

5. 把共情力培训问题纳入销售拜访总结中。

13

什么 你的销售员相信

关于信念促进行动与结果这个话题，最经典的故事之一来自罗杰·班尼斯特（Roger Bannister）。他最大的成就就是成为世界上第一个在 4 分钟以内跑完 1 英里的运动员，确切地说，他的成绩为 3 分 59.4 秒。这之前，人们无不"坚信"，人类的体力根本就不足以支撑这样快的跑步速度。但有趣的是，故事似乎才刚刚开始。班尼斯特的纪录仅仅保持了 46 天，便被澳大利亚人约翰·兰迪（John Landy）打破，后者的成绩为 3 分 57.9 秒。从这以后，已经先后有 1400 多名运动员突破了 4 分钟大关。

到底发生了什么变化？是优秀赛跑选手突然改变了他们的训练方式？还是天才跑者突然长大成人？改变成绩的第一件事，就是人们开始相信，在 4 分钟内跑完 1 英里已不再是天方夜谭。而被改变的第一件事，则是以前围绕这个目标的消极自我暗示变成了积极自我暗示："我不可能做到这个"已成为"当然可以，既然他们可以做到，或许我就能做到。"

作为销售经理，你的销售团队当然不必尝试用 4 分钟跑完 1 英里。

他们需要探索的应该是如何在销售方面做得更优秀——很多人之所以没能成为胜利者，只是因为他们的信念过于狭隘。

很多看完这一章的读者可能会认为，这个信念系统或者说积极自我暗示有点"一厢情愿"的味道。

也许该挑战一下你的信仰体系了。

根据哈佛商学院的研究，在高压状态下，人们只要说"我很兴奋"这句话，就可以缓解压力，提高自信度，从而达到改善绩效的目的。

通过对运动员和学生进行的研究发现，改善积极性自我暗示可以通过多种方式提高人的绩效水平。环境生理学家斯蒂芬·张（Stephen Cheung）是一名狂热的自行车越野赛选手，他在 2016 年进行了一项研究。他对自行车选手进行了为期两周的积极性自我暗示训练，然后，这些选手在 95 华氏度的高温室内进行了高强度比赛。他让这些赛车手用"继续努力，你做得很好"之类的激励性陈述取代"我快热死了"之类的消极性思维。利用这种积极的自我暗示，他们的耐疲劳时间从 8 分钟延长到 11 分钟以上。

销售经理花费大量时间去审核销售漏斗，进行盈亏讨论和角色扮演，以期改善销售业绩。但是，他们很少会帮助销售员培养与最大竞争对手相抗衡的技能：了解并改善自我限制信念。

在聘用销售员的时候，你实际上也在聘用他们的信念体系。因为这些新销售员出现在你的办公室时，每个人手里都有两个公文包：一个公文包是看得见的，里面装的是对业务和销售的敏锐度（请参见图 13-1）。

另一个公文包则是看不见的，其中塞满了他们从父母、老师、教练、兄弟姐妹、同事和朋友身上学到的或是汲取的信念。其中的某些信念带来的是正能量，让销售员更好、更有效地工作。有些信念则需要质疑甚至是改变，让你的销售员更上一层楼，抵达他们的业绩巅峰。

图 13-1 两个 "公文包"

信念驱动行动

我们的一位客户认识到揭示销售团队自我限制信念（self - limiting belief）的重要性。他的团队中有一个销售员，不仅聪明伶俐，而且风趣幽默。客户都喜欢和他进行合作。但这名销售员明显不擅长发掘潜在客户。因此，针对填补销售漏斗的策略和方法，销售经理又为他进行了一次辅导。

我的客户很困惑，因为他已经为这位销售员在请求客户推荐方面提供了很好的培训。考虑到这位销售员拥有一个近乎狂热的客户粉丝群，因此，对他来说，客户推荐显然是一种非常可取的客户发掘途径。但销售员不愿请客户做推荐。在被问到原因时，他往往会不以为然地回答："呃，我忘了。"在参加了我们的销售管理研讨课程之后，这位销售经理尝试了另一种方法。他不再指导销售员应如何请求客户做推荐。相反，他把重点转移到挖掘销售员的信念体系上。"是什么让你不愿意接受推荐？"销售员慢吞吞地回答："在我的家人看来，寻求他人帮助是一种软弱的表示。我不想在客户面前显得虚弱或有求于人。"就这样，我们最终找到了销售员缺乏执行力的根本原因。现在，销售经理可以就影响销售业绩的关键性问题入手了。

> 因此，指导性对话的重心应从传授策略性销售培训技能（销售智商）转为攻克问题的正确方面，即，销售员针对寻求帮助采取的自我限制信念（销售情商）。

你就是公司的首席信念官（CBO）。你需要同时肩负很多职责，其中的重要角色之一，就是帮助你的销售团队信任自己、自己的企业以及所销售的产品或服务。销售技巧固然重要，但同样重要的，是提高销售团队的自我认知能力，克服在自我信念上受到的压制，从而对销售结果带来积极的影响。

你不知道的事情当然是你无法改变的

还记得电影《球场雄心》（*Hoosiers*）吧？影片中，著名影星吉恩·哈克曼（Gene Hackman）饰演现实生活中的马文·伍德（Marvin Wood）教练。伍德教练率领米兰高中"印第安人"队获得印第安纳州篮球赛冠军，球队在 1954 年赛季中创造了 28 胜 2 负的战绩。这部电影对自我限制信念做出了完美的诠释，让人们体会到一个人会如何改变整个球队对自己和自身能力的信念。

米兰高中是一所小学校，只有 161 名学生，在此之前，他们的球队在州级锦标赛中始终默默无闻。（很多人相信，这也是这支球队实力的真实写照。）在那一年的最终决赛中，"印第安人"队面对的是实力雄厚的"孟西中央"高中队，这支球队所在的学校规模远非米兰高中能比。

伍德很清楚，在富有传奇色彩的欣克－菲尔德豪斯篮球馆这样的大舞台上，面对一所来自更大规模学校的对手，他的小球队很可能会被吓倒。他们或许会认为，"印第安人"队没有任何胜算，但这些人考虑的只是学校规模，而不是球员的天赋和努力。

我相信，伍德是利用自己的情商认识到团队的思维定式。通过共情力，伍德走进球员的内心深处，站在球员的立场思考问题，想方设法地了解球队此时思考的想法和感受。他专注于管理球队的心态和信念，而不是进行传统意义上的技战术训练。

当伍德的团队踏上欣克-菲尔德豪斯篮球馆的地板时（这座球馆的面积足足是米兰高中体育馆的3倍），他递给球员一盒卷尺，让他们测量球馆的比赛场地尺寸。这让他们认识到，不管球馆有多大，比赛场地本身的大小是一样的。他们之前每一场比赛的球场和这座大球馆的球场没有任何区别，而且他们已经在这样的标准球场上取得过很多场胜利。这样，伍德改变了球员对场馆和对手所在学校大小所持有的自我限制信念，让他们学会克服外界因素的干扰，在比赛中充分发挥自己的技战术水平，让球队敢于挑战四届州冠军得主"孟西中央"高中队，让信念去驱动行动、能力和成果。

现在，我们或许也应该拿起卷尺，测量一下，到底是哪些信念体系让你的销售团队在销售竞赛中未能充分发挥自己的实力。

对你的销售团队而言，球场的规模可能体现为：

- 机会的大小——"这笔生意对我来说太大了，以至于我根本就没有能力去跟踪和兑现。"
- 竞争强度——"对手足足是我们的五倍。我们根本就没有取胜的机会。"
- 学习强度——"我以前从未遇到过这种销售情景。我根本就不知道该怎么做。"

花点时间进行一对一的辅导培训，了解、检验并增强销售团队的自我认知，克服那些妨碍参与销售比赛的信念。

针对自身的自我限制信念

自我限制信念是在反复思考和自我暗示中形成的。谎言重复多了，也会变成真理。同样的道理，任何一句话只要重复的时间足够长，都会成为一种信念，成为一个人的真理。打开那个看不见、装满自我限制信念的公文包，你会在里面发现一个特殊的格子，塞满了销售员对自身能力或属性的负面评价，这种消极的自我暗示就是他们的自我限制信念。多年以来，我经常听到有些人会这么说：

- 他们不重视我，只因为我是个女人。
- 男性不是优秀的倾听者，因为他们缺乏共情力。
- 我还太年轻，没有资格拜访客户的高级负责人。
- 我年纪太大了，没有能力学习这些新的数字化销售工具。
- 我是个工程师……我不擅长销售。
- 我没有那么高的学位，所以，我没有能力去拜访一位博士。
- 我是个没有条理的人。
- 我没有足够的时间去做这件事。
- 我性格内向，不善于和人交流。

这样的例子不胜枚举。

信念会驱动一名销售员去实施应该或不应该采取的行为。它激励和推动着销售员去学习和运用更多、更强大的技能。销售经理和他们的销售团队并肩合作，共同制订新的销售活动计划。有了信念，我们就会把时间用在能力开发上。归根到底，最关键的问题在于，自我限制信念会影响计划的实施和技能的发挥。

我曾无数次听到过人们在年龄问题上存在的自我限制信念。一位年轻的销售专员曾向我抱怨："我确实有点年轻。所以，根本就没有人会认真考虑我的想法。"在拜访年纪大的客户时，这位觉得"我还太年轻"的销售员很容易会惊慌失措。他觉得这家潜在客户根本就不会在意自己。果不其然，这种负面的自我暗示转换为自我实现预言。他在会谈过程中没有丝毫的自信，反过来，这又导致潜在客户对产品或服务的投资价值产生质疑。销售员未能赢得订单的一个重要原因是缺乏信心，而不是他的年龄。

资深销售员则会在年龄问题上走向另一个极端。他们的自我限制信念涉及各个方面，比如说："我玩推销游戏的时间太长了……我已经厌烦了。"或者，"我年纪太大，没有能力再去学习和掌握新工具。"这些老销售员不参加任何销售培训课程，因为他们觉得自己已经深谙此道，无所不知。有些人也会心猿意马地去学习新的销售方法或技术工具，因为他们的核心信念就是你不应该教一个老手去学习新伎俩。信念驱使人们采取相应的行动，而这样的信念，其结果就是一成不变和停滞不前。

信不信由你

在我的一生中，我曾遇到过很多好老板和好导师，这让我始终觉得自己是个幸运儿，在他们当中，很多人帮助我提高了对自我限制信念的认知。

在大学毕业后，我最早的一份工作是在明尼苏达州明尼阿波利斯的美国癌症协会工作。在这里，我给主管全政府筹资活动的负责人担任助理。卡罗尔绝对是个了不起的上司。有一天，她在会议总结时告诉我说："你是我见过的最有条理、最严谨的助手之一。"我感到大喜过望，连忙回应。"不，其实我是个糊涂虫。"她微笑着回答："不，不是那样的。我有过很多位助手，你绝对远远在他们之上。"

卡罗尔就是那个改造我人生道路的人。在此之前，我的信念体系始终是："假如脑袋不是拧在我身上，我恐怕连脑袋也会丢了。"这个信念来自我的家庭，而且事实也的确如此。我就是那种经常会把外套、毛衣或围巾扔在某个地方的孩子。即使随着年龄的增大，我觉得自己也没什么变化。稍微不注意，我就会想方设法地在旅行期间弄丢一件外套。（从那以后，我逐渐认识到，丢失服装和没有条理不完全是一回事。）

这位上司还改变了我的自我暗示。我开始换一个视角看待自己，认识到我在为人处世中的条理性。因为我开始相信，自己是个有条理的人，于是，我就开始变得越来越有条理。这个故事也激发了我对生产率话题的兴趣，如今，它已成为一种强大的时间管理习惯，正是凭借这种习惯，才让我在这个行当中驾轻就熟，取得一次又一次的成功。

销售管理中的自我认知问题：你是否意识到了并充分理解妨碍你的销售员取得成功的各种自我限制信念？

关于公司的自我限制信念

我注意到了销售员对待公司态度上的自我限制信念。在这个方面，消极的自我暗示形形色色：有的人觉得"我们的公司太大"，有人认为"我们的公司太小"，还有人说"我们的公司太年轻"。这些自我限制信念导致销售员将职业失败归咎于公司，而不去反思自己的销售技巧和日常销售行为。持续不断的消极性自我暗示最终成为让他们笃信不疑的真理。

"我们的竞争对手规模较小，因而比那些规模大但行动迟缓的大公司更敏捷。"信念驱动行动。按这样的信念，销售员就会认为，他们没有任何办法去影响销售对话的结果。于是，甚至还没有等到和客户见面，这位销售员就已经放弃了。

"我们是小公司……我们没有资源处理规模更大的潜在客户或现有客户。"信念驱动行动。于是，这个销售员干脆就不去发掘更大的交易。他甚至没有给自己一个失败的机会！因为没有开始，自然也就无所谓成功或失败可言。

"我们是新手……没人愿意和一个无从了解的家伙做生意。"当销售员第一次听到潜在客户说："我们以前从未听说过你们的公司。"他们会感到非常紧张。此时，他们会完全忘却该如何展现对产品和服务的信心，转而立即以打折来吸引客户。

大卫与歌利亚

在万思体活力有限公司开始从事销售业务时，最大竞争对手的规模几乎相当于我们的 8 倍。这显然是大卫和歌利亚的对抗。但也不是没有好消息：在销售团队中，很多早期成员都是销售领域的新手。我们甚至不知道即将遭遇的强大竞争对手会给我们带来怎样的威胁，畏惧之感自然无从谈起！无知是福，难得糊涂。凭借对公司及其产品和服务的坚定信念，我们对自己的劣势丝毫没有感到担忧。

　　我至今还记得自己收到第一份销售报告时的情形,这份报告对我在艾奥瓦州及内布拉斯加州两地的客户进行了总结。公司在这两个州大约有600 家客户,他们与万思体活力合作的业务非常有限。在翻阅报告时,我丝毫没有惊慌,因为无知是福,难得糊涂。因此,我的自我暗示完全是积极的:"好啊,居然有 600 家客户,今年至少可以再增加 40 家新客户。"猜猜,我在销售生涯的第一年里创建了多少家新客户呢?真的是 40 家。信念确实可以驱动行动、能力和结果。

　　回顾过去,我很庆幸没有接触过任何持有负面情绪的销售员,否则,我的脑袋也会被自我限制信念所充斥,比如说:

　　"你是这块地盘的新手。要和竞争对手一较高低,你还有很长的路要走。"

　　"竞争需要良好的品牌知名度。像你们这样的小公司,潜在客户当然不愿意和你合作。所以说,或许唯有通过低价格,你才能分到一份羹。"

　　即使在从事销售行业的最初几年,我已经具有了良好的自我认知能力。我知道自己的销售能力还不够。但我相信,只要努力,多为客户着想,我就可以成为比赛中的胜利者。为我赢得新客户的,就是这些信念,而不是我平庸的销售技能。

　　销售管理的自我认知问题:你是否知晓并理解销售团队存在的针对公司的局限性信念,这些信念对团队的销售成功有何影响?

针对公司产品和服务的自我限制信念

　　我们生活在信息时代,这是一个复制和重现产品或服务比以往任何时候都更容易的技术时代。在这个商品化色彩日益浓厚的世界里，很多销售员最初都以为，自家的产品没什么与众不同的优势。结果，他们会不自觉地采取打折等不良销售行为。为了赢得生意，他们往往会做出不必要的让步。我们在这个行业中浸淫已久，因而对"我们是商品"的故事再熟悉不过了。

用心良苦的销售经理会采取教授顾问式销售技能和谈判技巧等方式去解决这些销售行为。在某些情况下，这种方式确实可以解决依赖打折招揽生意的问题。

但是在很多情况下，销售经理还需要穿透表面，探究实质。打折的根源可能是销售团队的信念体系及其对产品和服务的信念出现了问题。

信念与销售结果

这一次，我的咨询客户是一家从事家私业务的销售团队。销售副总裁请我和他们的顶级销售员迪亚兹进行面谈，看看我能否提炼一下迪亚兹在以较高价格出售高档家具时到底是怎么说的、怎么做的。面谈结束后，他让我把迪亚兹在推销过程中的言谈举止记录下来，这样，他们就可以把迪亚兹的成功经验纳入公司的销售手册中。

我和迪亚兹面对面坐下来，我当然也渴望一窥这位顶级销售员的推销秘籍。我期待着他能分享一些启发性问题、挑战性观点、赋予洞察力的销售技巧、针对销售拜访的洞见和成交技巧等。然而，在迪亚兹的讲述中，我只是看到一位对自己为客户提供的价值深信不疑的销售员。也就是说，他的成功完全源自他对产品和服务的积极信念。

> "我觉得还可以做成很多单生意，因为我真心地相信，我们的目标客户确实需要我们这样的优质产品。他们当然不愿意每两年就更换一次家具。我们的客户都在从长计议，因此，他们需要高质量、符合人体工学的家具。如果家具和环境不搭，就有可能影响到他们的生产能力。这毕竟需要公司花一大笔钱。实际上，我甚至没有向客户推荐公司的低价位产品，因为这根本就不是他们需要的东西。"
>
> 在这个环节上，我只在公司销售手册中添加了一句非常简短的说明：
>
> "相信你的产品和服务。"

销售管理的自我认知问题：你是否知悉并理解销售团队针对公司产品和服务存在的限制性信念，以及它们对销售团队取得成功会带来哪些影响？

如何改善自我限制信念和消极性自我暗示

好吧，我们假设你已经找出了销售员的自我限制信念。现在，最艰难的工作开始了。出于多种原因，要改变一个人的信念体系是很困难的。一旦核心信念形成，人们就会只关注那些能增强这个信念的东西。这就是信念的固着性（belief perseverance）。当一个人相信某个事物时，他们就会不自觉地过滤掉所有相反的证据。不妨看看人们订阅的报纸。他们阅读的报纸是支持还是质疑他们当前所坚持的信念呢？新闻频道呢？你收看的新闻频道是支持你现在的信念，还是会以新的思维方式挑战这种信念？

我还记得和一位业绩不佳的销售员一起工作的情况。他始终认为没时间寻找潜在客户，但似乎总会抽出时间去研究低价位竞争对手的报价。这些数据为他的信念体系提供了佐证——他的公司为产品制定的价格太高了。（不要忘记的是，他所在的团队中，很多销售员是按全额价格拿到订单的。）

在自我限制信念体系方面提供指导，首先需要掌握推迟满足的能力，毕竟，转变信念不可能有速成式的解决方案。

感知或现实

需要强调的是，必须弄清楚销售员的限制性信念到底是基于感知还是以往的经验。正确做出区分可以有助于你对销售员的指导，并针对问题提出合理的解决方案。

感知是一种思考或解读事件或情况的方式。但关键在于，这种解读并不是以数据或事实为基础的。当销售员反复给自己讲述关于某个销售场景的故事时，这种重复就会在他的思想中形成一种基于感知的信念。只要你不断重复一个故事，即便是虚假的故事，也会成为你思维中的真实故事。因此，不依赖事实的感知会成为销售员心中的现实，这是仅属于他们自己的现实。

在这种情况下，我们很容易会情不自禁地去告诉销售员，他们的感知是错误的。对此，我们不妨回顾一下有效销售的基本原则。人们只相信自己的数据，因此，如果你在辅导课程上只是说"你错了"，就无法向销售员"推销"一种看待事物的新方式。

我用来转换观念的一种指导工具就提出扭转性问题。这些问题会让销售员停下来，调整思维："嗯，我从未考虑过这样的念头。嗯……或许可以用另一种方法去看待这样的销售情景。"扭转性问题可以帮助销售员揭开新的真相、新的故事，并树立更积极的信念。

以下是一些有助于我们挑战自我感知的逆转性问题。

情景 1

销售员："没人认识我们，因此，我根本没法和对方开启对话。"

逆转性问题

- "这个想法是源自感知还是数据?"（为解读差异做准备。）
- "开启大多数销售对话的出发点，到底是品牌，还是产品信息与潜在买家的相关性?"（强化自我认知。）
- "有多少知名品牌在起步时都是不为外界所知的品牌? 你认为那些销售员是如何创造机会的呢?"（这是一个很有启发性的问题，因为它可以帮助销售员认识到，每个公司在生命周期的某个阶段上都曾是默默无闻的初来乍到者。）

情景 2

销售员："我们的产品价格太高了。"

逆转性问题

- "我们的价格真的太高了吗? 还是你拜访了根本就不适合自己的错误客户?"（这同样是个很有挑战性的问题，它可以帮助销售员发现，他们还需要投入更多的时间去发掘和定位合适的潜在客户。）
- "我们确实有愿意全额支付保证金的客户。我们为这些客户解决的常见痛点是什么? 我们怎样发现更多这样的客户?"（这个问题可以消除销售员的受害者及失控心态。）
- "这是潜在客户实际想说的话吗，抑或这只是你的一己之见?"（你甚至会觉得奇怪，销售员为什么这么喜欢用"嗯，不……但是……"之类的搪塞给自己的失败找理由）。

感知也是一种现实，作为一家公司的首席信念官，你的一项重要任务就是指导销售团队识别虚假现实，创造新的更激励人心的现实。既然他们可以为销售情景编造悲剧，那你为什么不能帮他们编造更值得期待的喜剧呢！

用过去去预见未来

过去的失败或是糟糕的销售拜访，都容易在销售员脑海中演变为新的真理，让他们觉得："我知道的还不够多；我还不够优秀；我还需要更多的培训……"

永远不要低估失败给销售员带来的影响，它往往会阻止销售员接受正确的销售行为。比如说，你反复教导、告诫你的销售团队，一定要重视客户高管的价值。你还反复地向他们指出："只有他们才能决定客户的选择并出钱买你的东西。"

然而，当你的销售员上次拜访大机构的高管时，却被拜访对象的气势所压倒。这次经历让他觉得尴尬，而且变得胆小怕事。在随后的客户拜访中，他开始不断重复这次失败经历，就像不断重播的噩梦一样。仅仅就是这一次活动，乔在脑海中形成了一个新的信念：他还没有具备与客户高管进行对话的能力。

销售员的爬虫脑让他开始畏惧失败。爬虫脑的唯一任务就是避免危险。在这种情况下，爬虫脑会告诉销售员，谨慎行事，不要和客户的高管打交道。尽管这样的思维不合逻辑，但需要记住的是，爬虫脑本身做非逻辑的事情。它带来的是感觉，而自认为愚蠢的感觉当然不会成为继续前进、攻克下一个销售拜访的动力。

自我认知和指导

学会使用自我认知的情商力，审视自己作为销售经理应该做出的必要反应。如果我是乔的上司，我的第一反应就是为乔讲授更多策略和顾问式的销售技巧，帮助他与客户高管更有效地开展对话。

停下来，平心静气地想一想。我们需要解决的真正问题，就是乔认为自己还不够出色或是不够聪明的自我限制信念。运用共情力，站在乔的角度看待问题，思考一下，他在经历最近这次失败会有怎样的自我暗示。他可能会给自己做这样的负面暗示："他们知道得比我多得多。我还没有准备好应付这么大的交易。高管都很难应付。这些人根本就不尊重我这样的销售员。"如果只带着装满自我限制信念的公文包，乔在下一次销售拜访时不可能有好的表现。

人都相信自己的数据。花点时间，用心设计指导培训的问题，帮助你的"乔"去寻找不同的答案和积极的自我暗示。

首先，运用共情力，弄清楚你的销售员在想什么，有什么样的感受。"孩子，那一定是场非常艰难的谈话……我自己也有过这样的经历。我猜想，你甚至或许会怀疑，还有没有必要去拜访更大的客户。"一旦你的猜测得到销售员的肯定，征得他们的同意，再进一步走进他们的思想。因此，首先需要动用你的共情力，然后再提建议。设计出合理的问题，让你的销售员相信——他们完全有理由去期待更美好的未来：

- **你从这次艰难的销售会谈中学到了什么？**

- 你准备如何运用所得到的经验和教训，为下一次销售拜访的成功做好准备？

- 你是否因为这次糟糕的拜访而变得更聪明了吗？

- 如果你不知道该如何回答未来拜访中会出现的某个问题，最糟糕的结果是什么呢？

- 你怎样做才能为下一次拜访做更好的准备呢？

- 你认为真正的决策者想希望得到什么呢？（答案：信心，诚实，没有废话。）

- 你如何看待爬虫脑在销售成功中发挥的作用？你可以通过哪些措施从心理上改善下次销售会谈的规划设计？

优秀的销售经理和导师就像是优秀的医生。他们擅于诊断造成销售业绩不佳的根源，从而帮助制定合理的指导方案。

信仰体系和故事的力量

用克服困难者的勇敢故事让你的指导培训更有效，教导你的销售员相信自己，而不是相信反对者。故事是一种强大的培训工具，因为大脑的本能就是记住故事。

美国作家戴安娜·奈德（Diana Nyad）为我们讲述了一个关于积极自我对话和坚信自身能力的传奇故事。戴安娜的成就似乎数不胜数。1975 年，她成为在 8 小时以内完成了环曼哈顿长距离游泳的人，创造了新的世界纪录。1979 年，她完成了从巴哈马群岛到佛罗里达州朱诺海滩的 102.5 英里长距离游泳，创造了包括男女选手在内的长距离游泳纪录。但她的梦想是完成从古巴首都哈瓦那到佛罗里达州基韦斯特岛的 110 英里长距离游泳。她先后尝试了几次，但皆因水母袭击、哮喘发作和天气等诸多原因而失败。最终，在第五次尝试中，她终于实现了自己的梦想，成为世界第一个不借助鲨鱼笼或脚蹼而从古巴游到佛罗里达州的人。她当时已有 64 岁。

你或许能想象到，有很多人会劝诫戴安娜：你已经 64 岁了，年纪太大了，不应该尝试这样的游泳。

"戴安娜，快，赶紧放下这个念头。你的游泳事业已经到头了。"

她的前四次努力均以失败而告终。

"戴安娜，你已经尽全力了。但它根本就不是你所能做到的。去打打高尔夫吧。"

戴安娜·奈德的成功，不仅是因为她拥有超强的运动能力，还有她对自己和自身能力的坚定信念。听听她在 TED 的演说，我们可以感受到一种无比积极的自我暗示。戴安娜的口头禅是"想方法"，她还出版了一本同名自传《想方法》（*Find a Way*）。

"想方法"是一个足以激发销售团队的信念体系。它会让你的团队学会使用积极肯定的力量，像他们已经取得的成功那样，去迎接新的成功。如果你不断对自己重复同一句话，只要时间足够长，这句话就会成为你的信念，成为你的真理。

使用戴安娜这个"想方法"的积极自我暗示，帮助你的团队从头再来：

1. 我会想方法坚持自己的销售活动计划。

2. 我会想方法每天改善自己的销售技能。

3. 我会想方法和自己每天交流的每个人建立情感纽带。

4. 我会想方法轻松愉快地实现自己的销售目标。

5. 我会想方法让自己每天幸福乐观。

6. 我会想方法控制自己的情绪。

7. 我会想方法吸引优秀的人进入我的生活圈。

想象一下，如果你的团队每天都在书写和表达这些自我肯定的信念，他们会取得怎样的销售业绩呢？现在，我们该为自己的销售活动计划增加一个新的销售指标了。为你的团队设置一个新指标，衡量他们每天收听或阅读正面和激励性信息的情况。信念驱动销售结果。你的销售团队相信什么呢？

■ 销售领导者的情商行动计划

1. 评估销售团队中的每个人。哪些积极信念正在激励他们的行动或销售行为呢？哪些负面信念正在削弱他们的销售业绩呢？

2. 设计合理的指导培训问题，帮助每个销售员发现妨碍他们成功的限制性信念。

3. 看看基思·罗森的著作《销售领导力》。他为销售领导者设计了很多非常有效的指导培训问题。

4. 指导你的团队认识积极自我暗示的力量。寻找能支持你的培训主题的故事。

5. 运用自我认知。你需要学习或提高哪些技能，从而更好地指导团队认识自我限制信念系统的重要性？单纯的说教既没有说服力，也没有影响力。

6. 审视自己的信念系统。你对自己、公司以及公司所提供的产品和服务有何信念？

14

第十四章

你并没有犯错误，是错误造就了你

影片《最后的话》（*The Last Word*）讲述了成功女商人哈丽雅特·劳勒退休后的故事。由于身体状况不佳，哈丽雅特觉得自己的人生即将结束。她联系到年轻的当地报社记者安妮·谢尔曼，请她为自己撰写讣告，并要求讣告能说清自己的人生经历。是的，你没看错，她在去世前就已经联系记者帮自己写讣告了。这难道不就是我们所说的拜访前计划吗？

哈丽雅特和谢尔曼之间发生了很多风趣积极的对话，在一次谈话中，哈丽雅特给这位心有不甘的记者提了一些建议："你并没有犯错误，是错误造就了你。"对每个人，尤其是销售专业人员来说，这都是非常有启发的建议。

大多数销售员都听到过这句话："从失败中学到的东西远多于成功带来的收获。"听起来不错，但实际情况并非如此。在现实中，大多数人会把失败当作瘟疫一样躲避。而且销售经理和销售组织也会经常向销售团队发送相互冲突的信息。

随便走进一间办公室的接待区，你会看到墙上全都是奖状、奖杯和图片，向人们炫耀公司取得的成就：年度最佳供应商、年度最佳销售员、全球发展最快公司，诸如此类的名头和荣誉不胜枚举。现在，我们再环顾一下办公室的四周，看看能否找到一面记录失败的挂墙——显示公司经历的所有失败，以及公司从这些失败中学到的宝贵教训。

既然失败是我们最好的老师，那么，公司为什么不设一面专门记载失败的挂墙呢？记载公司所经历的种种失败，以及从中汲取到哪些经验和教训，帮助公司更快地成长和进步。

这么说似乎有点不合时宜。但销售经理确实需要不断审视自己，看看他们的作为或不作为会向销售员传递怎样的信息。

畏惧失败的内涵

如果销售经理在教导他们的销售员如何"好好失败"方面遭遇"失败"，那么，一致性销售结果的内涵就会有多种不同的解读。我经历过以下几种情况，相信读者还会有其他解释。

1. 担心失败的销售员更在乎潜在客户的否定。客户的任何否定，都会让他们感到遭到拒绝，引发他们产生自我怀疑和"我不够好"的自我暗示。这转而又会限制他们的冒险精神。于是，他们不再拜访更优质的新客户——在上一次辅导课中讨论的那些客户，而是继续维持更易于相处的现有客户，或是寻求让他们感到轻松舒适的交易。

2. 畏惧失败的销售员不会运用销售经理或销售培训传授的新技能。他们陷入了追求完美的陷阱，只做万事俱备的事情，从不尝试任何未知结果的事情。他们的目标（和恐惧）就是不让自己显得愚蠢。在现实中，销售员确实可以通过大量的练习掌握新技能。但只有销售员在潜在客户和现有客户面前真正地展示这些新技能时，它们才能真正地发挥作用。

3. 担心失败的销售员会演变为披着专业人士外衣的献媚者。他们会人云亦云，想方设法让自己的言行得到潜在客户的认可，但这种认可往往是以牺牲订单为代价的。这些专业献媚者在销售会谈中尽量避免提出尖锐的问题，以免被他人所厌烦。他们相信，如果始终都在取悦于人，就可以让他们免受拒绝的痛苦（失败）。这些专业献媚者喜欢大包大揽，过分承诺，但随后就会因为无法解释公司为何不能兑现而手忙脚乱。

4. 畏惧失败的销售员对反馈充耳不闻。他们只考虑业绩，并陷入业绩的完美陷阱。他们的自我价值完全依赖于绩效水平，而不是他们的性格或价值观。如果你在销售领导这个职位坐的时间足够长，或许也会有过这样的经历：你亲自陪同销售员完成了多次实地拜访或电话拜访。他们会犯一些错误，你为他们提出正确的反馈。担心失败的销售员会表面上接受反馈，并以"是的，但……"这样的借口作为回应，而不是真诚感谢你的帮助。

5. 厌恶失败的销售员不会给自己设定目标。因为设定了目标，就有可能无法完成目标，在他们看来，这就是失败。这些销售员喜欢一种近乎疯狂的想法："因为我从未想过做成大生意，所以也谈不上大败。"研究表明，只要给自己定下目标，并不断对照和分享这个目标，人们就更有可能实现这个目标。在我的身边，有很多销售员确实才华横溢，但却始终不能充分展现他们的潜能，原因就在于他们因为畏惧失败而避免给自己设定目标。在电影《烈火战车》（*Chariots of Fire*）中有一个非常精彩的片段：面对苏格兰冠军埃里克·利德尔的挑战，英格兰长跑选手哈罗德·亚伯拉罕遭遇了运动生涯的第一场失利。他欣然接受这个结果，但这场失利让他陷入了极大的痛苦，以至于让他决定以后不再比赛。他的女友希贝尔对哈罗德放弃比赛的决定极为费解，向他提出质疑。哈罗德回答道："我不想成为比赛的失败者，我是为了胜利而跑步的！"而希贝尔的回应几近完美："但如果你不参加比赛，就永远都没有机会成为胜利者。"

厌恶失败的销售员也会接受这样的理念。他们甚至不会参加比赛。面对这样的销售员，你会害怕给他提出反馈，并开始回避和他们进行关键的销售指导谈话。在理智上，你很清楚，自己的职责和义务就是帮助销售员取得成长。所有销售管理书籍都会告诉你：反馈是冠军的早餐。（但他们会说，不用了，非常感谢，我宁愿等着吃午餐。）在没有反馈的情况下，销售员会满足于"已经足够好"的销售行为，而这种行为又会营造一种"已经足够好"的销售文化。但问题是，在当下竞争激烈的市场环境中，"已经足够好"还远不足以帮助你赢得并保住生意。

让失败不再停留在口头上

销售经理怎样才能提高团队的应变能力以及克服错误和挫折的能力呢？顶级销售领导者如何建立一支勇于冒险、敢于面对失败并善于从失败中汲取教训的销售团队？

让团队中的每个成员拥有自尊这项情商力。自尊是自我认同，它是一个人敢于承认自身优点和缺点的能力。当销售员能承认并接受自己的错误时，而且也只有在这种情况下，他们才能从冒险和错误中汲取宝贵的经验和教训。具有高度自尊心的销售员会迎来更多的成功，因为他们有能力，也有信心从失败中得到进步，而不是被失败所打倒。

我教给销售员和销售领导者的第一个概念，也是最重要的一个概念，就是必须把自己的职位表现与自我价值分离开来。

在第一次接触这个思想的时候，我还在桑德勒销售学院做助教。这个观点源自大卫·桑德勒（David Sandler），他始终强调把生活角色与销售角色分开的重要性。从那时起，我又听到很多领导者和职场专家发表过类似的观点。归根到底，就是要让我们在生活中的行为与自己的身份分开，把人和行动分开。可以想象，当销售培训师、咨询师和激励专家都在宣扬同一种理念时，它会成为怎样一个强大的概念呢！

没有这种分离，销售员就会将他们的职场业绩与自我价值相互混淆。当他们在销售员这个角色上遭到失败时，他们会把这种失败解读为人生的失败。这样，他们就会让这种职场失败影响到他们的自我价值和自我意义。因此，一定要引导并提醒你的团队：当他们在销售过程中出现失败时，只是他们在销售员这个职位上遭遇的失败，这样的失败仅限于他们的行为，而无关他们的为人。实际上，他们不过是经历了一次糟糕的销售拜访而已。时间会让失败成为过去。

不要把人和事混为一谈

作为管理者和导师，这显然是一个非常有价值的概念。但我还是要警告各位：不要期待你的销售员能一夜之间接受或拥护这个概念。和所有良好的习惯或技巧一样，这个概念也需要不断地完善和实践。你的销售团队或许已经陷入定式思维：他们在销售职位上的表现等同于他们的自我价值。这就是我们喜欢在名片上注明头衔的原因。通过角色和头衔，可以让其他人了解你在这个世界上的重要性。不会有人在名片上注明这样的字样：诚实、富有同情心和忠诚的人。

你可能会注意到，有些人善于用表象迅速凸显他们的自我价值。这些人擅长借别人之名自抬身价，他们喜欢向你炫耀自己的第四套房产和工薪收入。他们以作为商人这个角色所取得的成功来衡量自我价值。我曾遇到过一位咨询师：他最着迷的事情，就是喋喋不休地向人们介绍自己的意大利别墅。

"哦，你喜欢咖啡。我在意大利的别墅里有一台非常棒的咖啡机。"显然，他是在以行为定义自己这个人。

因此，在进行辅导培训时，应该明确告诫你的销售员，你的反馈仅仅是针对他们的工作，他们作为销售员所扮演的角色，而不是他们是谁或是他们的自我价值。不妨简单地说："我想给你一点建议，但是要提醒你的是，我之所以给你建议，只是希望你能在销售这个岗位上做得更好。请利用这个反馈以及这次培训对照自己的销售业绩，看看你在销售员这个角色上的表现如何，看你做的事情，而不是你这个人。"因此，你和自己的团队需要在这个概念上取得共识，并营造一种更和谐的指导氛围，为你的销售员提供有价值的重要反馈，帮助你的销售团队面对失败，在失败中爬起来，走出困境，继续前进。

培养销售员的自我意识，让他们拥有更强大的自信心。这样的销售团队善于从挫折中绝地反击，敢于怀疑自己的能力和态度。正如著名的宗教领袖培根牧师（Reverend Bacon）所言："我们只是会犯错误，但我们自己不是错误。"

痴狂于汲取教训

和大多数销售员一样,我也在奋力竞争。我遭遇的失败丝毫不亚于取得的成功。多年来,我学会利用我的竞争力去接受失败,从失败中寻找收获。如果失败已不可避免,那么,我会竭尽全力去从这些失败中汲取教训。

这里有一个极具启发性的练习,可以帮助销售团队把失败从口头和激励转化为行动和前进。帮助你的团队去亲身感受,失败如何帮助他们赢得更多的业务。

让马不停蹄、匆匆赶路的销售团队停下脚步,让他们学会运用自我认知的情商力;帮助他们去发现和接受从尝试、冒险,甚至是失败中得到的宝贵教训。

这个练习有助于你的销售团队认识生活和销售的现实状态。我们当然希望现实中总是无往不胜。但现实并非如此,在很多时候,只有经历失败,我们才能学到一点东西。

疯狂教训学习法

1. 让销售团队中的每个人写下他们在业务或销售中遇到的失败。

2. 请他们回答如下问题:"你在自己的岗位上、工作中或做人方面失败吗?"

3. 接下来,让你的团队记录从失败中学到的至少 3 个教训。

4. 让他们圈出原本可以在没有失败的情况下学到的教训，或是已经学到的教训。

5. 让你的团队详细描述这些教训如何给未来的销售拜访带来积极影响。他们确实能因为这些教训而做得更好吗？他们在以后规避了哪些推销错误呢？

我已经进行了数百次这项练习，在每次练习中，销售员都会有所领悟。他们最终会发现，失败带来的收获远多于成功带来的。这种收获不只是在墙上写几句激情澎湃的励志名言。

在主持研讨这个重要话题时，不妨让你的销售团队做点数学练习。如果从每个失败中汲取 10 个教训，那么，经历 10 次失败，就可以得到 100 个教训。按这个逻辑，那些敢于冒险、接受失败并擅长学习的销售员，就可以比竞争对手聪明 100 倍！

让汲取教训这个主题语言成为每天和每周销售对话的基本要素。在遭遇任何挫折、逆境或失败时，问一下自己："我学到了什么？这个教训对我以后的工作有哪些帮助？"

已故民权领袖和革命家纳尔逊·曼德拉（Nelson Mandela）说："我从未输过。我要么赢了，要么学到东西。"对所有指导培训销售团队的人来说，这句话都是有震撼力的。

调整视角，再看失败

在从事销售和销售管理培训业务的第一年，我始终感到不知所措。你可能会觉得，自己面对的潜在客户很难缠。毕竟，把你的演说和销售

培训服务推销给全球最出色的销售员——公司首席执行官和主管销售的
副总裁,当然并非易事。

当时的导师对我的困惑、不断积累的压力和自我怀疑提出了建议。
他要求我改变看待问题的视角,以强化我的抗打击能力。他并没有三番
五次地给我做"加油加油、你很棒"之类的说教,而让我转变思维。他
的建议,就是让我尽快从潜在客户那里得到 100 次否定。现在,我相信
我一定能实现这个目标!他告诉我:"在你受到 100 次否定时,你就会听
到销售及销售管理培训中所能听到的全部问题或异议。"

这个建议绝对是天赐法宝。这位导师向我展示了如何做到吃一堑长
一智——理性的失败,尽快地面对失败,并从失败中汲取教训。他说对
了:到面对第 100 次拒绝的时候(当然,我已经实现了目标),我正在
迎来客户的第 100 次认同。

你今天失败了吗

全球知名塑身裤品牌 SPANX 的创始人莎拉·布雷克利(Sara
Blakely)是《福布斯》全球亿万富翁排行榜中最年轻的女性。布雷克利
的故事就是一部从失败和挫折中崛起的经典史诗。

在 27 岁那年,布雷克利来到亚特兰大,并拿出 5000 美元的全部积
蓄成立了一家袜业公司。她给没有提前预约的陌生袜厂打电话,请他们
帮自己制造产品原型,但每次都遭到了回绝。最终,她收到北卡罗来纳
州阿什伯勒市一家袜厂的回复,其实,她此前也曾被这家工厂拒之门外。
工厂经理有两个女儿,她们试穿了布雷克利的产品,这是一种无足的尼
龙裤袜。她们对这款产品称赞不已,于是,工厂老爸同意为布雷克利生

产这种新产品。是什么让布雷克利在面对一次次"不感兴趣"的回应后而始终不为所动呢？布雷克利将这种锲而不舍的精神归功于父亲。小时候，父亲经常会在晚餐时问布雷克利和哥哥同一个问题："你这周经历了哪些失败？"她在接受采访时经常提到："我父亲始终在鼓励我和哥哥去尝试失败。他送给我最宝贵的礼物，就是让我知道，失败的内涵不是结果，而是没有去尝试。确实，这使我可以更加无所畏惧地去尝试新事物，在生活的海洋中无拘无束地遨游。"

销售经理不仅需要激励性的演说，还要在你的指导工具箱里增加更多有效的启发问题。"你今天遇到哪些失败了？这个星期遇到了什么失败？"把失败和探索作为团队销售流程的一部分，作为不断完善的一个阶梯。

让失败常态化

几年前，我接受邀请参加全国演说人协会举办的某次会议的小组讨论。小组成员都是成功的资深演讲家，他们需要对一群意气风发的年轻演讲者发表讲话。主持人请我们分享自己创业过程中经历的失败。这是一个非常有启发意义的主题，出席者分享的故事也趣味横生，但最终只有两个目的：

- 让这些对未来充满希望的年轻人从一群久经沙场、经验老到、似乎永远不会遇到问题的演讲者的嘴里，聆听他们昔日曾经遭遇的失败。一位发言者甚至提到了在某次主题演讲过程中掉下舞台的故事。（这可不是我编造的故事。）这些失败的故事给年轻人带来了希望。"嘿，既然这些老家伙能做到，或许我也能做到。"

- 这些故事让人们明白：屡战屡败既不会破坏我们的职业，也不会摧毁我们的自我价值。我们每个人都在讲述自己的故事，为企业的蓬勃发展而努力。

荣耀背后的故事

我曾和一群年富力强的财务规划师进行合作。在前期采访中，我对其中一位正在冉冉升起的新星进行了访谈。这个年轻人分享了他为扩大业务而采取的很多销售活动，他的故事让我忍俊不禁：清晨的早餐会，下班后的社交活动，不约而至地拜访陌生客户，赞助活动，只要有可能，他不放过任何一个机会。很多人认为这就是在浪费时间和金钱，但他坚信，所有付出都是值得的。在得到他的同意后，我把他经历的这些失败故事讲给大家。一个年轻女士听得很专心，并举手发问："是不是可以这么理解，我们经常只看到成就，但却没有看到成功过程中的故事。"

她的问题一语中的。销售员只看到成功的荣耀，却没有看到过程中的辛酸；他们只看到成功的销售员似乎总能不费吹灰之力地完成任务，但却没有看到或听到成功者之前经历的 50 次拒绝；他们只看到成功的同事和优秀的演讲者，却没有看到销售员抽出时间参加演讲俱乐部，因为他刚刚搞砸了几次大型销售推介。

让失败成为销售组织中的常态化元素。在你的小组销售会议上，请团队成员讲述他们所经历的风险、失败以及从中汲取的教训。通过他们分享的这些故事，让失败成为常态化事件，变成可以接受的事情，从而帮助全体团队成员认识到，失败只是实现卓越旅程中的一段经历。

一定要让你的销售团队了解荣耀背后的故事。

■ 销售领导者的情商行动计划 ✒

1. 以正确的态度对待销售业绩问题。你的销售员到底是缺乏销售技能，还是因为担心失败而不能有效施展销售技能？

2. 引导你的销售团队学会把工作与人区别开。将这种理念融入你的辅导对话中。

3. 创建一种鼓励从失败中汲取教训的销售文化。充满激情地向失败讨取教训。

4. 鼓励失败，并以新的视角重新解读失败。"你今天经历了哪些失败？"

5. 将失败常态化。

15

第十五章

压力、销售、成功与满意度

不妨认识一下朱莉娅。在过去 15 年中，她一直是业绩顶尖的销售员，而且被大家公认为是一个永远乐观进取、积极向上的人。但是最近，她的销售业绩却出现了波动，总是这个月完成了目标，下个月就完成不了。和同事及团队其他成员相比，她的表现明显不如人意。

这让朱莉娅感到很煎熬。她在个人生活和工作中都承受着巨大压力。朱莉娅是典型的上有老下有小的"三明治"一代。年老的父母拒绝去养老院，因此，朱莉娅要花大部分空闲时间去帮助他们。朱莉娅的两个孩子都还只有十几岁，他们最擅长的事情就是让母亲每天忙得焦头烂额。

在工作方面，取得销售成果也开始变得越来越难。一家咄咄逼人的新竞争对手进入了她负责的地区，而且也更有实力。朱莉娅的处境不断恶化，由于新商家强大的营销力度，越来越多的潜在客户开始不再维持现状。维持现状当然比做出改变的决策更容易。哎，本应拿到的大订单落空了。潜在客户只是告诉朱莉娅，竞争对手的采购价格更便宜。

我们不妨再增加一个要素，让这个情景更完整。公司正在推出新的ERP系统，但进展并不顺利。客户对发票的错误和分期付款方式感到不满。朱莉娅筋疲力尽，毫无斗志，请病假的时间也越来越多。

销售经理为朱莉娅感到担心，并为朱莉娅提供了指导，在创造销售线索、漏斗管理、异议处理、提问质疑、利用价值而不是价格进行推销等方面提供支持，但都收效甚微。为什么呢？因为销售经理解决问题的角度是错误的。朱莉娅可能也需要在销售技巧和方法上获得更多的指导，但她最需要的是如何管理压力。

根据集客营销HubSpot的研究，54%的销售员认为自己的生活压力很大，有68%的人将生活状态描述为"充满挑战"。压力导致工作倦怠，使得销售员的离职率高达27%，相当于所有行业平均离职率的两倍。

《国际疾病分类》（ICD-11）的第11版中，职业倦怠已被列为一种"职业现象"。从定义上说，职业倦怠是指因长期承担工作压力且无法妥善处理而造成的一种综合征。

压力让销售组织付出了沉重代价。销售员由于疲倦而降低工作效率。他们永远也无法达到最佳状态，因为达到最佳状态需要投入足够的精力和积极乐观的态度。因此，销售员投入的努力是平均水平，而取得的结果自然也不会超过平均水平。

成功的销售源自心理、生理以及顾问式销售技巧的结合

在我们的"成功销售情商力"研讨会中，我们告诉学员：有效的销售和销售管理首先需要理解心理、生理和顾问式销售技能。但大多数销售经理和销售员并没有意识到，生理也会影响到他们能否始终执行正确

销售行为的能力。

不妨想想石头—剪刀—布的游戏中。石头就是我们身体的生理，剪刀是一个人的销售技能。当销售员承受压力时，身体对压力的生理反应会削弱，甚至破坏销售员有效运用销售知识和技巧的能力。

当销售员承受压力时，他们的身体会自发地释放出压力激素——皮质醇。皮质醇过多会造成疲劳、抑郁、睡眠不足和缺乏创造力。一项对2000多名试验对象进行的研究发现，皮质醇水平最高的试验对象在记忆力、条理性、视觉感知和注意力测试方面表现较差。这显然不是实现可持续销售成果所需要的状态。

压力管理就是销售管理

压力是生活的一部分，你的销售团队越善于掌握和管理压力，你就越有可能带领这个团队完成销售指标和快乐指标。

运用你的自我认知，想想你感到有压力的时候。你在工作时是否能达到最佳状态？引发压力的一种常见情绪就是失控感。运用共情力，站在销售员的立场上看待问题，从他们的视角设想感觉失控的销售情景：

- 在销售员所负责的地区，所有潜在客户和现有客户都要求在同一星期获得资料或交付商品。销售员的日程已经安排得满满当当，他们已经无法控制局面。压力随之而来。
- 企业在运营层面不能与销售组织创造的业务保持同步。销售员会不断接到客户打来的催货电话，愤怒地询问订单执行情况。运营部门没有向销售员及时通报，因此，销售员在试图纠正这种情况时情绪失控。压力随之袭来。

- 公司已推出新的 CRM 系统，系统与日常销售流程实现整合的最后期限已迫在眉睫。销售员对掌握新系统的使用感到压力重重，进而产生失控感。压力油然而生。

- 会计部门在开具发票环节出错，销售员对接的新客户威胁要取消订单。会计部门焦头烂额，已无暇顾及此事，因此也没有及时给销售员回复电话或电子邮件，这导致销售员也无法给客户的质疑做出答复。这让销售员很无助。失控感给他们带来了压力。

- 你所处的行业进入变革阶段。销售员必须加强学习，以确保做到与时俱进。他很想知道应如何处理每周收到的各种新信息。这种情况让他感到失控。压力就此产生。

压力不会自行消失，但销售领导者可以提高销售团队的压力控制能力。

打造销售团队的抗压能力

开发销售团队的压力管理能力和开发其他任何技能一样，销售经理首先需要关注销售团队的抗压能力，并投入足够的时间和精力，为他们提供培训和教育。

不妨回头看看第五章的内容以及前文介绍的有关内控观和外控观的概念。内控观（增加控制）可以有效降低压力。减轻压力等于增加精力，进而提高销售员解决问题的能力和幸福感。

在《脑力全开》（*Activate Your Brain*）一书中，作者斯科特·哈尔福德（Scott Halford）对内控观和外控观的差异做出了精辟总结。

如果你觉得自己可以控制发生在身边的所有事情，那么，你就更有可能取得成功。你敢于对自己一路走来的起起落落承担责任——其实,这并不是什么成功秘诀。认识到我们可以控制的事情,会让我们获得一种主人翁的感觉。只需听从内心召唤,你就可以不断地建立这种内控观。在出现你不喜欢的事情时,如果你的第一反应就是寻找外部环境的所有原因,那么,在给出自己的结论之前,一定要花点时间,认真地思考一番。你和这种情境到底有什么关系?你原本可以采取哪些措施去改变这样的结果?这就是获得控制。换一种说法,就是我们需要敞开心胸,学会从错误中汲取收获。

还要让你的销售团队敞开心胸,以新的方式获得控制并改变现况。将压力管理指导纳入你的小组会议中。提醒你的销售团队,不要让爬虫脑干预你的理性逻辑思维。爬虫脑的职责在于维系生存,当压力出现时,它会立即发出恐惧的危险信号,拼命地挣扎。恐惧是行动的最大破坏者,这就需要我们采取行动去控制和减轻压力。此时,爬虫脑会加速运转,让销售员只看到无力控制的所有事物,并对此感到担心!

帮助你的销售员学会运用大脑的逻辑部分,从而重新获得控制感。让销售员记录他们在任何环境下都可以控制的环节。如下建议可以帮助我们开始对"获得控制权"进行辅导对话。

对所有可控事物进行控制

- **销售活动**:销售员至少可以控制他们正在从事的工作。比如,再拓展5家潜在客户;早点出手,如果没有约到两家客户就决不罢休;要完成这项任务,联系有可能为你推荐客户的合作伙伴,请客户为你向其他客户推荐;积极参与贸易协会;联合某个战略合作伙伴共同组织活动,或是举办网络研讨会。销售活动显然是销售员可以控制的。

- **销售技能**：销售员可以控制新销售技巧的学习和实践。围绕销售价值，学习新的技能和策略，可以帮助你击败依赖低价的竞争者。销售员可以锁定看重价值的优质潜在客户。销售员还可以向销售经理征求建议，也可以请同事共同练习。毋庸置疑，销售技巧的掌握是销售员可以控制的事情。

- **销售态度**：销售员可以控制自己的思维方式。他们可以控制每天上床睡觉的时间，这样，他们就可以早起，留给自己更多的时间去思考，去内省。每天早上，销售员都能以感恩之心开启新的一天，写下 3 到 5 件值得感谢的事情。这种习惯会激发大脑的奖励中心，释放出让我们感觉良好的激素——多巴胺，减少让我们感到压力的激素——皮质醇。他们控制着自己经营的"公司"。他们可以选择做始终保持自信的销售员，而不是那些只看到困难的人。态度是由销售员控制的。

- **销售和服务**：公司正在经历服务问题，而销售员却满口牢骚。销售员不负责运营，但有义务回复客户的询问，他们应该敢于对客户泼凉水，不回避艰难的对话。客户当然不喜欢犯错，但他们肯定不喜欢从不拜访，不能为他们提供解决问题思路的销售员。销售员是为客户提供卓越服务的控制者。

引导你的销售团队关注自己可控的东西，不要过分强调自己不可控的事情。增强控制可以降低压力。

在最早做销售培训和演说业务的时候，我也参与过销售拜访练习。我安排拜访的客户和自己的预期完全不符，可以想象，我很可能会遭到对方的拒绝。为什么要这么为难自己呢？我为练习和尝试新技能创造了一个安全的环境。即使销售拜访未能取得预期结果，我也能认识到自己出现的问题，从潜在客户的异议中找到教训，所有这一切，显然都有助于磨砺我的能力。所以说，我控制着我的职业发展道路。

不要任受害者心态滋生

如果你从事销售这个行当的时间足够长的话，你肯定经历过这样的拜访：在与客户分手或是挂断客户电话时说："哎，这真的是太糟糕了。"此时，悲观情绪、自我怀疑和受害者心态在你的身上一展无遗。"我遇到了世界上最糟糕的客户，没人能和这种人做生意。"这种失控的思维必然会造成压力增加，并形成受害者心态。

告诉你的销售团队，不要再抱怨潜在客户不好了。即使是面对难缠的潜在客户，也要对他们心存感激，因为他们是销售员最好的老师。我也曾多次遇到过这样的客户，很多人让我受益匪浅，让我得以磨砺自己的销售技能，让我成为一名更出色的职业销售人员。这些不好对付的潜在客户会提出更多、更有针对性，但也更值得反思的问题。他们让我更努力地工作，以提高自己的专业水平。难缠的潜在客户永远不会让我快乐；但换一个角度看问题，他们永远都在为你提供免费的销售培训。

和你的销售团队并肩工作，运用自我认知与自我认同这两种情商力。他们必须有充分的认识和信心，理解他们在销售电话中的哪些环节还能做得更好，哪些环节是他们可以控制的。

培训和指导你的销售员学会反思，为自己提出反思性问题。这些问题不仅有助于缓解压力，还可以增加他们的主人翁感，并提升他们的乐观态度。

- 我需要对哪一部分负责？我是否已经为这次拜访做好准备，或者说，我是否开始有点自满？

- 我从这次拜访中学到了什么？新的学习方法如何帮我更好地应对未来的销售拜访？

- 我在哪些环节做得不错？我怎样才能把这些技能更多地运用到每一次销售拜访中？

- 在我的人际关系网中，联系哪些人可以为我提供更多的洞见？

让销售员的自我暗示从受害者状态转化为胜利者心态。指导并提醒销售员：他们不是所处环境的受害者，他们是自身环境的控制者。

他们是胜利者，他们可以控制自己的行为，从而以正确的行动不断完善自己，并取得成功。

要对难缠的客户心存感激

下面是一个非常适合与销售团队共同开展的练习。它可以帮助你的销售员认识到感恩、控制和乐观的力量。这项练习的内容，就是让他们为那些难缠的潜在客户写一封信。

尊敬的客户女士/先生：

感谢你本周在百忙之中和我会面。你提出了很多发人深思的好问题，这些问题让我意识到，我的销售工具尚须认真改进。

考虑到你提出这样的问题和做出的反对已不是首次，因此，我原本应该为这次见面做更好的准备。但是，恰恰是因为毫无准备，我在偶然间发现了答案——这或许会让你对我公司的信誉和执行能力感到担忧。

感谢你对我的批评，我现在可能有点自负。在当下这个信息时代，我没有任何理由不为每一次销售拜访做好准备。如果准备得再好一点，这次会面可能对你会更有意义，而且下次会面也应该指日可待。

再次感谢你给我设下的困难。我希望能在下周再和你会面，当面向你承认，我的销售业绩确实不尽如人意。如果你再给我一次机会，我会做好准备，为你提供更有价值的信息。

此致

敬礼

一名有自我认知、感恩、有控制力、乐观的销售员

放松，一切都会好起来的

乐观的销售员有点像喜剧演员，因为喜剧演员实际上也喜欢给其他人制造压力。为什么这么说呢？这可是猛料！

正是从那些作为幽默大师的演说家同行身上，我学会了这种压力管理工具。他们绝对是这个星球上最风趣的人，其实这也不足为奇，他们确实比我们大多数人活得轻松愉快。

全国演讲者协会在科罗拉多州的一次会议上，我有幸听到了一些幽默大师的演说。这个妙趣横生的演讲小组试图让其他人（可能需要更多努力才能感受幽默的人）培养幽默感。在我看来，喜剧演员和幽默大师看待世界的视角显然不同于我们大多数人。他们把能带来巨大压力的事件视为天赐礼物，因为这些事件就是下次演讲的笑料。

我的同事卡琳·露丝是一位喜欢开怀大笑的主旨演讲者和喜剧演员，她致力于指导组织学习如何应对压力，释放更多的笑声。她和我们的这个故事，就是一个以幽默情怀看待压力状况的经典示例。

一天深夜，卡琳·露丝入住科罗拉多州一家历史悠久的酒店。她在酒店大堂没有看到行李员，只看到服务入住登记处的一位年轻女士。卡琳·露丝拿到房间的钥匙，拖着自己的行李箱，穿过长长的大厅。心怀怨气的卡琳·露丝打开自己的房间门，然后打开灯。让她吃惊的是，这竟然是一个到处都是跳蚤的房间！这家酒店当时正在做装修，显然，这些居无定所的跳蚤只好在房间里迎接卡琳·露丝了。

卡琳·露丝告诉听众，她原本可以转头，再次穿过长长的大厅回到大堂，向登记服务员反映情况。她并没有不自觉地做出压力反应，而是反问自己一个问题："这是不是也有值得发笑的地方？"于是，她走近站在服务台后面的年轻女士说："我们得聊聊我入住的这套房间。我本来是要一套单人间的。"服务员大吃一惊，问："您的房间里还有别人吗，女士？"卡琳·露丝回答："不，我的房间里没有什么人，那里正在开派对……成千上万的小跳蚤在房间里跳广场舞，撑着小雨伞，品着热带饮料。我敢肯定，墙角里还有一群……在哪抽烟呢！"

服务员的第一反应是震惊，但随后，她便马上意识到，卡琳·露丝只是想告诉自己这件事，并没有责怪的意思，于是，她和卡琳·露丝一起笑了起来。她向卡琳·露丝表示歉意，并免费为卡琳·露丝办理了房间升级，入住酒店最好的一间套房，还赠送了一份免费周末礼券。

在卡琳·露丝结账时，再次遇到这位服务员。服务员问道："女士，有没有人告诉过你，大家都非常喜欢您这种投诉方式？"

这个幽默表演小组为所有参与者提供了一套有效的压力管理工具。放松，一切都会好起来的！用新的视角看待我们所面对的逆境：一种以精彩故事诠释培训和演说主题的新方式。这个观点给我带来了快乐，缓解了压力。

幽默管理就是压力管理

指导你的销售团队认识以幽默减轻压力并提高乐观度的能力。当你的团队遭遇失败、挫折或逆境时，立刻让他们通过解答以下问题来转变思路：

- 这件事有什么好笑的地方吗？
- 这种情况下的幽默点在哪里？
- 我需要讲述什么类型的故事？

在参加了我们的《Ei 销售管理课程》之后，我们的一位客户请公司所有销售员参加下次的销售会议，并为他们准备好了团队经历过的最糟糕的销售战役案例故事。

这些故事颇有歇斯底里的意味。最有启发性的故事来自一位新业务开发人员。这个年轻人对工作专注而敬业，而且非常善于开展填补销售漏斗所需的任务。他分享了自己在一座写字楼里挨门挨户推销的故事。（这种发掘客户的方式在他们所在的行业很流行。）有一家租户很反感这种推销活动，要求他离开写字楼。但这位年轻销售员不为所动，继续挨门挨户地推销。在尝试了很多闭门羹之后，他最终走进 20 楼的电梯间；倒霉的事情再次发生，他最终竟然和那位赶他离开的房客站在一起。在电梯从 20 层下行到底层的过程中，他一直听着这个人在抱怨不喜欢陌生人不请自来的做法。毫无疑问，这是他一生中最漫长的电梯旅程。对这件事，他给同事做出了一种乐观的解答：只要走楼梯，就可以避免遇到这种事情。

■ 销售领导者的情商行动计划

1. 做出一个新的决定，指导销售团队掌握压力管理的关键原则。压力管理就是销售管理。

2. 帮助你的销售团队专注于可控的东西，不要拘泥于不可控的事情。

3. 引导团队改变认识问题的视角，掌握乐观的力量。

4. 让销售团队给他们最难缠的潜在客户写一封信。

5. 在下次销售会议中，让销售员用幽默的方式讲述他们经历过的最糟糕的销售拜访。可以举办一场幽默故事竞赛！

第十六章

戴纳基电力集团（Dynegy）前首席执行官鲍伯·弗莱克森（Bob Flexon）曾负责改革公司的企业文化。在公司申请破产之前的四个月，他才临危受命，来到戴纳基电力。弗莱克森带领公司实施了一场旨在改变企业文化的变革。他的信念是：改变文化，就可以改变收入，从而实现长期成功。

在他实施的诸多变革措施中，一项内容就是强调活在当下便是希望的思想。公司禁止戴纳基电力的员工在开会期间查阅手机或电子邮件。（这个概念太实用了。这样，人们就可以更好地关注对方，关注会议上的讲话。）他还采取"文化倡导者"措施来强化这一文化。当这些"倡导者"看到同事查阅电话时，他们就会提醒同事的行为并大声警告，"珍妮弗，我们要活在当下，关注当下。"

担心错过任何信息的社交控

"社交控"在美国企业中普遍存在。每个人都希望无所不在，但却唯独忽略当下。太多的销售经理沉迷于浮躁的商务礼仪，当销售员在交流中心不在焉的时候，他们可以睁一只眼闭一只眼。回顾每一次经历，我都会发现，心不在焉绝不是开展高水平销售对话的好习惯。

无论是好事还是坏事，只要我们反复去做，就会成为一种习惯。而且这种习惯会在销售会谈中不经意地表现出来。

一次进展顺利的顾问式销售会议通常会持续 1 到 2 个小时。在这些会谈中，销售员必须高度集中精力，谨慎地提出每个问题，仔细聆听对方的答复。但这也恰恰是最容易出问题的环节：专注力弱的销售员很难完成 1 个小时的销售会谈，因为在这次会谈之前，他们从未在这么长的时间里集中精力！他们的关注力只能维持 20 分钟，然后，他们的大脑便开始四处游荡，这样，他们就会错过后半段谈话。因此，在进行销售谈判之前，必须养成高度专注的习惯，因为任何销售员都不可能运用尚未养成的习惯。

但马上就会有人说，"不过，科林，你不明白，注意力的延续时间正在不断缩短。"这样的借口太多了。你会接受外科医生这样的借口吗："患者先生，耐心点，我只是想给你提一个醒。在手术过程中，我需要每 20 分钟休息一会，想想下一步该怎样做。我对此感到很抱歉。但你知道，每个人集中精力的时间都不会太长久的。"

但我们完全可以做得更好点。

喜欢和你在一起的人

几年前，我曾遇到过一位市场咨询师。这次会谈的目的就是增进彼此之间的相互了解，并看看她提供的服务和我们的需求是否相符。刚刚坐下，她便立刻把智能手机放在桌子上。这个举动很愚蠢，因为她的行为让我马上意识到，她在这次会面之前并没有进行深入的计划，这毕竟是我每天培训、指导的主题。真正具有破坏力的是，就在我们的谈话中，她的电话发出震动声时，于是，她直接打断了我们的对话，查看来电信息。哎，我感觉自己正在和巴甫洛夫的狗见面，我当然也不会对此有任何好感。可以说，我们根本就没有第二次见面的机会。

走出"社交控"怪圈

我能感觉到各位的难处，因为对今天的销售主管来说，专注力已成为他们必须应对和培训的一项新内容。

当下的销售管理者必须在高度干扰环境中培育自己的销售员。在 20年前，我们的世界还没有充斥着这种所谓的智能化通信设备。在观看电视节目时，我们也不会被屏幕左下方不断出现的弹屏广告所困扰！在 1秒钟内，全球范围内可以创造出如下规模的信息量：

- 在谷歌上出现 54907 次搜索记录
- 7252 条推文
- 125406 次观看 YouTube 视频
- 发送 2501018 封电子邮件

CEO、销售经理和销售员喜欢以"多任务处理"（multitasking）这个词来掩饰注意力不集中的习惯。很多人声称已掌握了这项技能。但实际上，无论是你自己，还是你的销售员，其实只掌握了实现"多重平均"

的方法——样样通，样样松。你擅长的只是平庸的工作，遗憾的是，这样的工作也只能带来平庸的结果。相关研究清楚地表明：当一个人在进行多任务处理时，工作的准确度和质量都会下降。因此，多任务处理的实质是"双重任务干扰"（dual – task interference）。

不妨到足球场、篮球场或橄榄球场看看。你见过哪个选手在训练中会突然停下来，看看自己的手机，然后再重新开始训练吗？肯定没有！但是，我的确看过销售员（和销售经理）在角色练习时这么做：突然停下练习，翻看一下他们的手机，然后再继续训练。

你认为谁会成为水平更高的专业人士——运动员还是销售员？

我肯定会把赌注押在运动员身上。

专注力、学习力与收入

销售经理、销售员和销售培训师无不在大声疾呼：当下的潜在客户更有教养，对销售员的期望也更高。所以呢？销售员也应该掌握比以往任何时候更多的信息和工具，这是他们在生活中取得成功的唯一手段。不要为潜在客户和现有客户增加需求而抱怨。唯有发展销售团队的技能才能满足他们的需求。未来销售员最需要的一项技能，就是要有学习、放弃和再学习的能力，因为企业和销售本身都在不断地变化和发展。在我开始从事销售这个行当时，甚至还没有互联网呢！

但这就是挑战。专注力是销售员学习新技能的基本前提，而精力分散则是学习最大的敌人。在这个问题上，《高效能人士的思维方式》（*Your Brain at Work*）一书的作者戴维·罗克（David Rock）为我们提供了独到的深刻洞见。他认为：

在理解一个新观点的时候，我们的前额叶皮层会创建一个代表新输入信息的图像，并把这些图像与大脑其他部分的现有图像连接起来。因此，在我们做出一定决定时，就会激活前额叶皮层中的一系列图像，并在这些图像之间做出选择。

重新阅读一下这段话。你觉得还能在精力分散、多任务的情况下，同时做到提高批判性思维能力或销售技巧吗？抱歉，在机器人接手之前，你和你的销售团队只能遵守大脑的基本学习规则。

不要再接受任何借口，去期待和追求卓越吧。每个人都需要改善专注力，那就首先从你的领导力开始吧。围绕这个主题，丹尼尔·戈尔曼撰写了《专注》（*Focus*）一书。他在书中指出："像学习这样的认知行为需要更主动的专注。"你的任务是培养专注力，并做到以身作则，只有这样，你的销售团队才能学习、放弃和再学习新的技能和知识。

专注力、注意力与共情力

正如第十二章所述，共情力是一种强大的销售技能，它要求我们专注房间中发生的所有对话——无论是语言对话还是肢体语言对话。但是，要让销售员拥有专注力并展现出共情力，他们首先要能做到专注。专注力先于注意力，注意力带来共情力。

21世纪，人类的一个习惯就是随时关注所有能发出滴滴声、闪光或振动的东西，这是一种会降低人们专注力的习惯。专注力下降导致注意力下降——进而导致共情力衰退。

还有人会用"先有鸡还是先有蛋"的模式去看待销售问题吗？

我希望大家都清楚地认识到，缺乏专注力会对学习销售技巧、销售对话的质量以及销售结果带来哪些影响。

作为销售经理，如果你确实认为集中注意力、把握当下以及展现共情力是实现有效销售会谈的前提，那么，你就应该向销售团队宣扬专注力的重要性，并以自己的行动以身作则。举办"无智能设备"的会议和对话。注意力持续时间短的销售员不可能为销售组织带来始终如一的结果。

活在当下，把握现在吧。

专注力与生产力

我们将在下一章里看到，生产力专业机构很重视日历分块（calendar blocking）对改善日常管理的重要性。富兰克林柯维咨询公司（Franklin Covey）就很强调处理重要而非紧迫性任务的重要性。销售咨询大师也在讲授和宣扬拜访前规划和准备的重要性，确保销售员能切实为客户创造价值。

但这恰恰是问题所在。尽管以上策略确实有效，但它们发挥效力的前提就是销售员必须有足够的专注力。这些已得到实践验证的生产力与成功策略首先需要执行者的注意力和认知力。

缺乏专注力会导致销售员每月最多可白白浪费 20 个小时。我们不妨简单地计算一下。如果缺乏专注力导致我们每天浪费 1 小时，一周有 5 个工作日，1 个月按 4 周计算，这样，在 1 个月的时间里，我们就会浪费

20 个小时。如果你管理的是一个由 10 人组成的销售团队，那么，这个团队每个月就会白白丢失了 200 小时。其实，我们完全可以把这些宝贵的时间用来争取新客户，留住老客户！

因此，有效率的销售员首先是拥有高度专注力的销售员。他们始终能做到：

- **日历分块**——他们很清楚每天特定时间需要专注和完成的工作。

- **专注于完成类似任务**——比如说，发掘潜在客户、客户审查会、创建提案以及把数据输入 CRM 系统。他们很清楚，不断地从一项任务转向另一项任务并没有效率，甚至是无效的。研究表明，当人们在从一项任务转到另一项任务时，可能需要 23 分钟的过渡时间才能进入真正的执行状态。也就是说，在转换过程中，大量的时间被浪费了。

- **管好技术**——而不是让技术管理他们。凯鹏华盈风险投资公司进行的一项研究发现，普通人每天平均查看手机 150 次。我们当然想知道，销售员为什么没有达到指标呢？缺乏专注力的销售员每天都在查看手机消息，而不是为取得销售结果而采取切实有效的行动。

弗莱克森先生深知关注聚焦的重要性。在担任戴纳基电力首席执行官期间，他在计算机显示器下方挂了一块小牌子，上面写着"活在当下，把握现在"。对于每个致力于追求卓越的销售领导者而言，这都是一项非常有效的策略。

■ 销售领导者的情商行动计划

1. 做出决定。接受销售领导力面对的新挑战，它要求我们传授并亲自践行专注力的原则。

2. 找到"社交控"会在哪些领域妨碍销售团队取得预期成果。

3. 在你的一对一会议和分组销售会议上，大力推广专注力的重要性，并以身作则。创建一个无智能设备干扰的讨论区。

4. 不要再相信我们不能延长注意力持续时间的谬论。掀起一场"让我们做得更好"运动。

5. 为自己制作一张海报，上面写着：活在当下，把握现在。

17

第十七章

时
间
管
理
的
必
要
性

我一直很幸运，因为我在 20 多岁时就已经接触到时间管理原理。老板派我参加了一次时间管理培训课，授课教练非常出色。

我至今还记得他在讲授参与者如何处理大型项目时采用的比喻。他把这种方法称为"瑞士奶酪"法。

在我们当中，很多人都会逃避高回报的大项目，因为大项目看起来就像是一大块奶酪。你不可能一次性吃掉这块奶酪，同样，也不能易如反掌地应对一个大项目。否则，只会让你度过非常糟糕的一天……对此，他的建议是，把这个大项目切割成小块，让原本难以应付的大项目变成像瑞士奶酪那样的小项目。这个例子形象地说明，我们怎样将大项目分解为可以一口吃下的小项目。

正是因为我很早就认识到时间管理的价值，因此，我始终能深入浅出地向我的销售团队讲授效率原则。毕竟，时间是有限的。市场是一个公平的竞赛场，因为每个销售员每天都只有相同的 24 小时。坚持效率原则的销售员当然也能更理智地利用时间。

我不止一次听销售经理或销售员宣称，销售员都是没有头绪、没有条理的人，这本来就是他们的本性。抱歉，我绝对不接受这样的说法。

我亲身经历的很多轶事表明，事实并非如此。通过与数百名顶级销售员的合作，我看到的是，真正优秀的销售员都能展示出出色的时间管理技能。他们是管理日历的大师级人物，而不是让日历管理他们。这就是他们在取得巨大成就的同时并未感到压力和倦怠的方法和原因。

现在，你或许会想：什么——讲授时间管理？我是销售经理。我的任务是为销售团队传授销售战略和销售方法。我的"时间"只能用来教会我的团队如何充实销售漏斗，如何组织有效的销售会议以及如何成交业务。

我只能说，祝你好运吧。时间管理技能差的销售员根本就不会有时间兑现你的出色指导。他们往往会成为已故管理大师史蒂芬·柯维（Stephen Covey）所说的"紧迫的奴隶"（tyranny of the urgent）。他们把所有时间都用在能带来即时满足的活动上，但这些活动通常只会带来低于平均水平的结果。他们根本就没有时间去做下面这些事情：

- 始终如一地执行销售活动计划。因为他们的日历上根本就没有开展自主活动的时间。他们的客户发掘工作是零星的，销售结果是不可预测的。
- 掌握销售技巧。这也需要主动留出时间去练习。
- 有创造力。他们总是忙着扑火救灾，而不是想办法去防止火灾的发生。

我指导过数百个销售拜访，而且在很多年前，我就已经清楚地认识到，缺乏时间管理技能是导致销售业绩不佳的重要原因之一。因此，一定要把时间管理视为优先的管理任务。没有良好的时间管理技能，很多销售员永远都不会知道他们最优先的任务是什么，于是，他们把销售变成了叫卖！

时间管理和推迟满足

时间管理技能差的销售员总会感到压力重重。如前几章所述，长时间处于压力状态会促使人的身体释放皮质醇，从而导致人们出现疲劳感，缺乏创造力，并最终丧失前进的动力。你当然可以宣扬和传授你选择的任何主题。但疲惫不堪的销售员绝对不会成为最有效率的销售员。身体永远是最强大的成功保障。

当销售员缺乏时间管理技能时，他们就会不知不觉地陷入忙碌而无效的怪圈。你肯定也管理过这样的销售员。他们可能非常勤奋，而且总是忙忙碌碌。这样的销售员当然不是懒蛋。问题的关键在于，虽然这样的销售员很勤奋，但他们不够聪明。

实际上，这些销售员正处于即时满足的状态，他们只选择轻而易举的事情，只对发生在眼下的干扰或需求做出回应。

追求即时满足的销售员似乎永远都在忙，他们需要马上回复电子邮件和电话，还要发掘潜在客户，撰写项目建议书，召集销售会议，灭火救急。但是，如果销售员把更多时间用于推迟满足性的活动，则会带来更好的销售结果。

如果销售员能把更多的时间用于推迟满足性的活动——譬如说，进行拜访前规划，学习、练习销售技巧，创建更有吸引力的价值主张，与潜在伙伴开展沟通以及创建可防止错误重复出现的系统和流程等，他们就会创造出更连贯的销售业绩。

对销售经理和销售员而言，最大挑战在于推迟满足感的活动根本就没有固定期限。尽管不必急于挤出时间去做这些事情，但同样这又是一个先有鸡还是先有蛋的情景。当销售员没有把时间用于推迟满足性的活动时，他们就会陷入勤奋而无效的陷阱。

看看下面这张图表（表 17 - 1），思考一下，你的销售团队在哪些方面正陷入无效而忙碌的工作陷阱。

表 17 -1　两种不同思维的销售员

采取即时满足思维的销售员	采取推迟满足思维的销售员
发掘和拓展潜在客户	发掘和拓展潜在客户
效果不佳，因为销售员没有投入时间去分析这家潜在客户是否与公司设定的理想客户画像相匹配。继续与不可能或不愿意购买的潜在客户进行接触	有效，因为销售员投入了足够的时间来确定这家潜在客户是否适合公司设定的理想客户画像。因为他们正在与正确的目标客户进行合作，因而会实现销售目标
发掘新潜在客户的努力归于无效，因为他们推销的产品对客户而言毫无特色。他们确实很勤奋，很忙碌，但他们为潜在客户提供的价值主张司空见惯、千篇一律，而且对客户来说无关紧要	与潜在客户建立起业务联系，因为他们投入大量时间，为潜在客户量身定做出能反映买家、行业、竞争对手特征与痛点的信息。他们完全撤弃了"放之四海而皆准"的价值主张
推荐合作伙伴与非竞争供应商的沟通	推荐合作伙伴与非竞争供应商的沟通
无效。销售员始终在与不可能或不愿做业务推荐的潜在合作伙伴进行对接	有效，因为销售员通过设计合理的资格判断问题，以确定这家潜在合作伙伴是否能够或愿意推荐业务。他们设计的问题包括：

（续）

采取即时满足思维的销售员	采取推迟满足思维的销售员
与销售员经常联系的合作伙伴并没有拜访潜在客户的高层主管。因此，他只能给你的销售员推荐无决策权的客户	潜在合作伙伴拜访的人是谁，处于哪个级别？
与销售员经常联系的合作伙伴以低价格拿到业务，因此，他只能为你的销售员推荐喜欢低价格的传统客户	这个人采取的销售策略是依赖价值的还是价格的？
客户把销售员的推荐伙伴看作供应商，而不是合作伙伴	他们与客户的关系如何？
客户以相同的方式对待推荐给他们的销售员	他们被客户视为合作伙伴还是供应商？
与销售员经常联系的合作伙伴并不提倡互惠原则。他们只是接受者，而不是给予者	他们是给予者还是接受者？
多任务	多任务
销售员每隔五分钟或是手机每次发出提示音时都会查看电子邮件	追求效率的销售员绝对不会这么做！他们之所以有效，是因为他们会关闭手机或电子邮件的提示音
永远不会做有目的或是有重点的事情。除非出错或是返工，否则，他们不会这么做。已完成的工作最多也只能达到平均水平	他们每次只专注于完成一项销售任务，不仅能用更少的时间完成这项任务，而且完成的工作具有非常高的质量
与潜在客户和现有客户进行销售会谈	与潜在客户和现有客户进行销售会谈
无效，因为销售员没有为进行拜访前计划而投入时间。他只是在销售对话中占据上风，但却没有把握和引导有效的对话	有效，因为销售员会投入时间去做拜访前计划。他们已设计出令人信服的问题并在销售会谈过程中提出这些问题

（续）

采取即时满足思维的销售员	采取推迟满足思维的销售员
他没有为可能出现的异议做好准备，因此，最终只能为自己辩护，寻找理由，从而迫使潜在客户做出战斗或逃跑的反应	不会对异议感到无所适从，因为销售员已经制定了解决或应对异议的策略
因为销售员没有为适应潜在客户而调整自己的沟通方式，导致会谈进行不到5分钟便不欢而散	销售员很清楚潜在客户的个性风格，并适当调整方法，从而与对方建立起融洽的关系和互信

切勿疯狂

无论是销售经理还是销售员，都很容易不自觉地陷入即时满足思维的陷阱。这就要怪罪于我们的爬虫脑了。如果没有自我认知的约束，大脑中的这个非逻辑部分注定会让你的计划付之东流。

面对堆积如山的电子邮件时，爬虫脑会大喊："危险，危险……你错过了什么东西。危险，危险，你永远都不会搞清楚了！"（其实，一半以上的邮件并不需要我们马上回复，甚至根本就不值得关注）。

外面有很多优秀的生产力专家，我强烈建议你聘请他们。不过，你也可以从一些非常基础的时间管理原则开始，这些原则会给你的团队带来立竿见影的影响。毕竟，我们的时间是有限的，精力也是有限的。借助于这些原则，你的销售团队将在时间和精力利用效率上达到最大化。

成功销售的路线图

对那些尚不了解"日历分块"功能的销售员，我确实替他们感到遗憾，因为这项技术完全可以改变游戏规则。由于没有受过这方面的教育，很多销售员错误地以为，只要在日历上记录与潜在客户预约和推销的时间安排就足矣。其实不然。销售员需要对时间进行有效分配，认真安排好准备时间、后续跟踪时间以及空白时间。你或许听过"魔鬼在细节中"这句话。在规划未来一周或一个月的任务时，这样的态度显然不可或缺。

我在日历管理方面采用的最佳工具之一就是使用思维导图。我们在销售管理课程上讲授过这种方法，而且事实也证明了这种方法的有效性。思维导图功能非常强大，销售员可以把脑海中的内容转换为看得见的图像。图像是大脑最喜欢的表达方式，也是最容易理解的方式，因此，使用这种技术可以让销售员更快、更好地组织信息。

记得把思维导图练习纳入下次销售会议。需要提醒的是，这可不是一项速成练习，我们总会不自觉地去尝试所谓的简化过程。看看你的延迟满足能力如何，然后拿出时间，带领你的销售团队循序渐进地完成每个步骤。边做边学是一种有效的学习方式，思维导图也一样，如果只听不做，你就不可能掌握这种技术。

这种方法的最大收获，就是让你的销售员明白，任何人都不是无所不能的，或者说，尽管他们非常勤奋，把那么多时间投入工作，为什么到头来依旧未能实现目标。图 17-1 是实施思维导图的具体步骤。

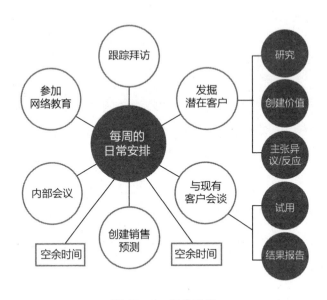

图 17-1　思维导图

1. 给团队中的每个人发放一大张活动挂图。让每个销售员在画板中央画一个圆圈，中间写上"每周日历"。（在掌握了这项技术后，他们就可以创建"每月日历"。）

2. 接下来，请每个销售员写下在未来一周需要完成的全部任务。让他们在第一步绘制的核心圆周围创建具体的任务圆。任务圆的内容可以包括拓展潜在客户、销售会议、现有客户拜访/会谈、针对新的潜在客户制定发掘策略、客户管理审查会议、内部会议等。

3. 在完成了任务圆后，让每个销售员再以这些任务圆为中心，创建相应的分支，反映完成具体任务或销售活动需要完成的所有细节。比如说，销售员在对日历分块时，可以拿出一个小时的时间预约新的潜在客户。销售员在创建日历分块时经常忽略的任务包括：

   ● 用于研究潜在客户的时间。

   ● 用于研究潜在客户现有供应商的时间。

- 用于创建量身定做的价值主张以开启顾问式销售拜访的时间。
- 用于识别和考虑潜在异议并做出回应的时间。

一个现有客户会议的任务圈，可以包括如下分支：

- 用于编制报告和进行销售分析的时间。
- 用于拜访客户服务部门并核对服务水平和投诉应对的时间。
- 用于针对新业务线制定新价值主张并为销售会议做准备的时间。

4. 让你的团队在思维导图上增加一个标识为"空白时间"的部分。这个长方形代表日历上未安排任何事务的时间。显然，我们每天都会有一些计划外的事件需要处理。由于销售员没有为这些事件安排计划，这些不可预测的业务问题往往会让销售员筋疲力尽，让他们觉得一整天都处在失控状态中。不要再重复相同的错误了，留出时间，为这些意料之外的事情做一个计划。

5. 最后一步也是这项练习中最有趣的环节。让团队中的每个成员把活动挂图上的内容转换到日历中。准备好忍受他们的抱怨吧，因为这个步骤需要一定的时间，要把这些销售活动和任务组织起来，合理安排到日常计划中，显然需要深入思考和认真权衡。在日历分块过程中，这个步骤最耗费时间和精力。销售员要想方设法地在日历上为具体活动安排时间。这个步骤可不是逢场作戏，无论怎样用心都不为过，因为这本身就是在主动管理自己的时间。

在几周时间里，这种类型的思维和规划便可以为销售团队节约出几个小时。这就可以为他们拓展潜在客户和进行更有效的销售会议提供更多时间。销售业绩会提高，团队的幸福感也会得到改善。具有良好时间管理能力的销售员可以提高工作效率，减少压力。

有效的销售员

　　凯西是一家分销公司的顶级销售员。她负责的地区是风景优美的科罗拉多州山区。然而，与这些美景随之而来的，就是偶尔会增加的物流工作量，在一年中的某些时段，工作量甚至会出现大幅增长。

　　凯西成功的原因之一，就是她能在管好自己工作日历的同时，为客户提供优质的服务。在我们和这家公司进行合作时，他们还没有建立起强大的销售支持功能。这就需要凯西独自一个人去解决大多数客户的疑问或顾虑。我问过凯西，她是怎样管理这些杂乱无章的销售工作与客户服务的呢？凯西的回答表明，她有着极为出色的冲动控制及时间管理能力。"我逐渐认识到，尽管大多数问题都需要答案，但这并不意味着我需要马上放下手里的事情，给客户服务中心打电话，或是打开我的计算机进行核对。我总是会问客户，'我可以在下午3点再回复您吗？因为我要到那个时候才能回到办公室？'90%的客户会接受我的要求。这样，就可以让我在同一时间只关注一件事。我会把销售拜访安排在工作日历上的某一时间点，然后，在一天结束时，再去考虑服务和客户管理事务。"

守住日历，看好冲动

　　销售员的日历看起来还不错吧。通过这种方法，他们就能理解保证一周工作有效运行需要的所有细节，并在大脑中勾勒出一份思维导图。于是，他们就可以在自己的日历中主动留出用于研究和发掘客户的时间。

　　这就是他们原本应该有的生活。

你的销售员已连续数周在争取一位潜在客户，并最终与对方建立了联系。销售员在开发拜访环节上做得非常漂亮，并进一步询问客户是否可以安排第二次见面，进一步发掘开展合作的机会。潜在客户表示同意，并告知这位销售员，他在星期二上午 10 点有空。销售员查看了一下日历。他发现，星期二 10 点到中午这段时间已安排了其他事务。但他觉得这显然是个千载难逢的机会，于是，便取消了已安排好的客户开发任务，为这次见面腾出时间。星期二显然是这位销售员的幸运日，因为对方客户也想取消这次预约，并希望能把这次预约改到星期四下午 1 点。但销售员的这个时间也有安排，但机会确实难得。于是，销售员再次修改工作日历，取消了星期四的活动，安排了这次客户会面。

这个过程有什么问题吗？

是日历在折腾销售员，而不是销售员在安排日历。实际上，整整一周的主动开发客户任务已经告吹。这倒不是因为销售员没有在日历上做出安排，而是因为销售员受制于即时满足感，体现出很低的自制力。销售员已根本无法控制冲动，饥不择食地去追踪每个潜在机会。

让我猜猜你现在的想法，你肯定在想："你疯了吗？我必须要接受这次预约啊！"

这就是问题所在。如果销售员总是被动回应客户的要求，而不能遵循自己设计的日程安排，到头来，他必定会失去主动开发潜在客户的时间。频繁更改日程安排，最终只会让他的销售渠道不断萎缩。

让你的销售团队关注控制冲动和坚守计划的重要性。但是在我讲授这个概念时，销售员总会表现出逆反情绪，甚至是强烈抵制。

"你根本就不了解我们的业务。我的潜在客户希望在这个时间见面，而且我已经为争取到这家客户努力了一个月。"

我没有反驳他们，而是通过一系列问题进行现实测试。

如果潜在客户要求你约在周二上午 10 点见面，而你已安排好在这个时间预约了最大、也是最优质的客户，那么，你准备对这个潜在客户说什么呢？你会放弃你最好的客户吗？

或者说，你是否会这样答复这位潜在客户："真是对不起啊……我在这个时间已经有预约了……我们能否看看换个时间见面吗？"潜在客户是否会愤怒地告诉你："好吧，如果不能在这个时间见面，我哪还有时间和你见面呢？"

销售员，"嗯……嗯……是啊，也没有其他时间了。"

你认为潜在客户会说什么呢？

销售员，"那您其他时间会有空吗？"

作为销售经理，你必须告诉你的销售团队，一定要学会管好自己的日程安排，学会克制冲动。销售员也要清醒地认识到，哪些情景和触发因素会导致销售行为无效，这一点很重要。和你的团队一同对这个概念进行角色扮演，这样，他们就可以认识到，告诉客户，"我已经和其他人约好在这个时间见面……我们可否换个时间呢？"，其实并不是难事。

我在管理工作日历时也遇到过同样的问题。在一周的日程安排中，我会把某些天或时间专门用于可推迟满足感的活动，譬如写作、设计内容和练习主题演讲。和其他所有销售员一样，我也会遇到客户恰好预约这个时间的情况。当无数次日程安排被彻底打乱之后，我逐渐学会了如何控制冲动和追求即时愉悦的欲望。我会把潜在客户和现有客户的预约安排到日历上标注好的专为主动销售拜访留出的日期和时间。

时间是有限的，因此，它也是你的销售团队最重要的资产之一。每个销售员同样每天都有 24 小时。只是成功者知道该如何用好自己的这 24 小时。

该起床了

这个话题总会招致夜猫子们的反对，他们会以各种各样的理由为晚睡和晚起的时间安排找借口。尽管每个人都有权发表自己的看法，但大量的研究更倾向于支持早睡早起的习惯。它会让我们更健康、更富有，也更聪明。

在这个话题上，有一项有趣的研究来自《富有的习惯》一书作者托马斯·科里（Thomas C. Corley）。他花费了 5 年时间，对 177 位白手起家的百万富翁进行了跟踪研究。他发现，在这些人当中，近 50% 的人至少在工作开始前 3 个小时就已经起床。最著名的早起者包括苹果首席执行官蒂姆·库克（Tim Cook），他每天凌晨 3：45 开始工作。百事可乐的首席执行官英德拉·努伊（Indra Nooyi）每天凌晨 4 点起床，早晨 7 点来到办公室开始工作。维珍集团创始人理查德·布兰森（Richard Branson）也是早起俱乐部中的一员。

研究证实，人在刚睡醒后，大脑，尤其是前额叶皮层会进入最活跃的状态，并且最容易迸发出创造性思维。清晨，我们的大脑是最清晰的，精力也最旺盛的。因此，这也是一天中思考推迟满足型销售活动的最佳时段，这些活动不仅有助于提高你的销售技能，而且有助于改善销售结果。

一天中刚醒来的几个小时，也是销售员从事创造性工作的大好时机，譬如撰写博客，构思一系列能引起客户关注的电子邮件消息，思考为客户提供服务的新方法，在社交媒体创作有说服力的帖子，针对能激发潜在客户和现有客户思考问题的头脑风暴。

遗憾的是，很多销售员在醒来之后，第一件事就是按几下闹铃，赖在床上一会；等到一天忙碌的工作开始之后，就再也没有时间精心思考问题了。《哈佛商业评论》的研究表明，速度会给创造力和工作带来负面影响。我们都钦佩创新和具有颠覆性的想法，但创新不是一蹴而就的。如果你的销售团队需要对解决方案进行创新性思考，那么，最好的做法就是放慢速度，留出时间去做深入思考。早点起床吧！

早起俱乐部的成员都认为，早起可以让他们有更多的时间去阅读和学习，帮助他们成为真正值得信赖的顾问。如果你想创建一个由思想领袖组成的销售团队，那么，你首先就需要他们养成一种有利于产生创新思维的习惯！

对那些习惯于把深度思考不断拖延的销售员来说，要实现这个目标确实有点困难。大脑就像其他肌肉一样，到下午时分，会被各种对话、决策、内部会议和外部会议所占用。这会让大脑感到疲惫不堪，而疲惫的大脑显然不是创造性的大脑。

我也犯过这样的错误——把深度思考这项任务安排到下午进行，我发现，同样的事情需要耗费两倍的时间，而且工作质量也没那么好。

《思考快与慢》（*Thinking, Fast and Slow*）一书的作者丹尼尔·卡尼曼（Daniel Kahneman）对时间管理的重要性做出了精辟总结："幸福取决于健康、家庭、人际关系和友谊等诸多因素，但最重要的是，你对自己时间的利用方式的支配感。"

教会你的销售团队掌握有效的时间管理原则，充分释放他们的时间和大脑。时间管理就是压力管理和幸福管理。现在，还是指导他们去学习时间管理吧。

■ 销售领导者的情商行动计划 🖋

1. 找出能让你的销售团队追求即时满足型活动、放弃推迟满足型活动的事物。

2. 在下一次销售会议上，留出讲授思维导图的时间。

3. 指导销售团队认识在日历管理方面获得自我认知和抑制冲动的重要性。和你的销售团队沟通，进行角色扮演，抵御可预见的诱惑，避免让你的日历安排彻底脱轨。

4. 鼓励你的销售团队把握清晨好时光。早起床吧，不要在一整天里都像无头苍蝇一样忙忙碌碌。

5. 在你期望销售员采取的行为上以身作则。是你在主动安排日历，还是让日历推着你被动地向前挪？

第 4 部分

成事在人

一定要认识到，情商并不是智商的对立面，也不是说情感必定优于思想。相反，它是两者独一无二的交汇。

——大卫·卡鲁索（David Caruso），演员兼制片人

如果培训的最终结果是让某些人相信，他可以在某个领域做一番惊天动地的大事，那说明，你的培训已经成功了。

——安吉拉·阿伦茨（Angela Ahrendts），苹果公司零售业务高级副总裁

第十八章

培训和指导的
情商与智商

镜子，镜子，我问你：我是在为自己讲授的东西做示范吗？对每个承担销售领导角色的人来说，这都是一个非常值得深思的问题。

我一直强调，要向你的销售团队宣讲情商力的重要性。在接下来的几章里，我会把焦点放到你的身上。希望你也要学会照镜子，学会问自己：我是否在为自己讲授的情商力做榜样？

就在几年之前，通过推荐，我们与一家有意为高层销售管理人员进行情商辅导的公司达成了合作。史蒂文就是该公司一个典型的销售经理，他对销售管理的流程轻车熟路。他很聪明，善于激励自己的销售团队，敢于对活动指标和销售结果负责。他的销售团队马上就将完成指标，但他们已提出离职要求，准备离开公司，原因就在于史蒂文的管理风格过于居高临下、咄咄逼人。

面对这种突兀而至的形势，公司高管一时不知所措，而史蒂文的未来似乎也变得黯淡无光。尽管史蒂文对公司业绩的贡献很大，但他的举止显然有悖于公司所倡导的核心价值观——相互尊重，崇尚团队合作。这导致很多员工怀疑，公司对这些所谓的核心价值观是否真的重视。只要你能为公司赚钱，是不是就可以对这些价值观视而不见呢？

尽管我并未亲自参加这个项目，但我始终难以忘记这位年轻的销售经理。在他的身上，或许还隐藏着尚未实现的巨大潜力。出于好奇，在几个月后，我向公司的老板问起史蒂文。我得到的答复简短而苦涩：他已不在这家公司工作了。

史蒂文就是一个高智商和低情商的经典示例，他绝对是这个房间里最聪明的人，但却是一个不受任何人喜欢的家伙。他完全没有能力与自己的团队或公司其他经理实现相互信任和互相尊重。

情绪管理和影响力

我们不妨回顾一下决定影响力的神经科学原理。一个有效的销售主管应善于情绪管理，而且能始终把握好自己的情绪外露。这种一致性显然有利于强化基于信任的销售文化，毕竟，建立相互信任的关键要素就是一致性。有了信任，即使出了错误，销售员也不会担心你会做出怎样的情绪反应。在解决问题之前，他们会开诚布公地谈论问题，而不必绞尽脑汁地去揣摩你的内心。

只有言行一致，才能赢得信任和尊重。孩子们会观察父母的行为，而不是听他们怎么说。当孩子们长大后，或许会成为一名销售员，此时，他们同样会坚持这样的观察习惯。销售员会观察销售主管的行为，而不是听他们说了些什么。

他们会时时刻刻观察你，看你是否：

- 在逆境中保持镇定。

- 在交谈中尊重他人……即使你自己并不开心。

- 在下结论之前会倾听方方面面的观点，而不是草率匆忙地轻下断言。

- 在所有对话和会谈中都能做到全神贯注，关注当下。

- 表现出强烈的共情力，进行换位思考。

- 愿意以果断但又不咄咄逼人的方式进行开诚布公、不回避挑战的对话。

不断给予的美德——导师制

当担任销售副总裁时，我很幸运遇到了一位杰出的老板和导师克莱恩·博伊德。他有着超常的销售智商和销售情商。

当时正是我们制定年度销售预算的时候。公司需要把每年 10 月至次年 9 月的会计年度调整为每年 1 月至 12 月的会计年度。为此，我们需要在短期内提供大量的数据，压力可想而知。于是，我要求手下的 7 位区域经理提交年度销售预测，并为他们提供制定团队销售目标的模型。

尽管我没有确切记得我在销售预测模型中出了什么错，但肯定是出了问题。满腹牢骚的 CFO 告诉我，我必须马上重新开始，并尽快把数据发送给他，因为其他部门都需要拿到我的销售数据之后才能做预算。

我感到很沮丧，在午饭时间，我走出办公室，来到附近的一家购物中心，在里面到处乱转。我对即将和区域销售经理进行的对话忧心忡忡。想到不得不向克莱恩承认自己的大错，我开始担心自己会显得有多么愚蠢。我低下头，喃喃自语，在脑海中开始设想最糟糕的情境。随后，我找到了老板。克莱恩也注意到我的表情很不自在，便问我："怎么回事？你还好吗？"我尽力不让自己哭得太难堪："你没有听说吗？我搞砸了整个销售预测。我们得从头开始。"

　　我永远不会忘记他那毫无批评意味、平静如水的回答："好吧，我猜想你永远不会再那么做了。"仅此而已。克莱恩知道，此时的我不需要任何高谈阔论，因为他很清楚，我在自我批评方面绝不手软。我必须承认，那个时候，我还太年轻，根本就不能理解他的镇定、言行一致的举止和超凡的情商。

　　今天，我做到了，在与他合作了那么久之后，我已经把他的很多至理名言铭记在心。克莱恩把对别人的期望转化为自己的行动，并以此为他人提供了一种示范行为。他在卓越领导力、共情力和情感管理能力等方面始终以身作则，这也为他在所有下属面前赢得了信任和尊重。

　　看看镜子里的自己。你是否在为期望销售团队所具备的情商技能做示范？我自己正在这么做，而且我很清楚，有些时候，我其实也不喜欢在镜子中看到的自己。

销售管理中的"激发－反应－后悔"循环

　　你或许已经找到了优秀的销售员，而且也投入了很多时间在他们的情商方面提供指导，帮助他们培养成功所需要的特质。但事实是，即使你拥有最优秀的销售员，但你仍要面对各种艰难的处境：需要进行开诚布公的对话，或是艰难而充满挑战的对话。你聘用的是个人，既然是人，就会有各种各样的缺点或盲点，而这就是你必须解决的问题。（如果你是已婚人士，正面对紧张的婚姻关系或是正在抚养孩子，那么，你就会知道我这番话的用意了。）

　　比如说，你正在和一位近两年首次未能完成计划的销售员谈话。你准备向他说明这次对话的真正用意——为他提供帮助和支持。但销售员却开始和你讨价还价："你知道，我们的交货部门实在是太差劲了，我不得不拿出全部时间替他们擦屁股，否则，我完全可以再多做成几笔生意。我已经退出比赛了……我们的价格实在太高了。"

如果你和大多数出色的销售主管一样，那么，你就会发现，和他争辩没有任何意义。如果没有自我认知和情绪管理，这些借口就会让你陷入"激发－反应－后悔"式的循环，促使我们必须做出"我必须正确"的反应。这一点有点像出庭律师：先入为主地做出结论性观点，为每个阻止成功的借口找到十足的依据。

你的不良行为只会唤醒销售员的"激发－反应－后悔"式反应。现在，你们都在绞尽脑汁地追求"我一定正确"，而不是想办法真正地做到正确。在这种情况下，你不仅没有向团队传递任何有价值的信息，而且还忘记了适时调整自身行为的必要性。你们的对话完全受制于情绪，而不是有效的指导和培训技能。

逻辑性、理性大脑告诉我们，这些反应都不是正确的反应。但是让情绪在对话中肆意泛滥时，爬虫脑就会成为主导势力，并引发战斗或逃跑的反应。此时，良好的指导和情商技能自然荡然无存。这就是销售管理中典型的知行差异。

对症下药

你已经让销售团队认识到静修和反思的力量。一定要说到做到，并把这种强大的日常习惯转化为每天早晨的一项常规活动。不要急于处理你的电子邮件和文书工作——你其实也没那么重要。请原谅我的直率。

如果你没有处理好与销售员的对话，那么，找个时间，安安静静地想一想，找出让你做出这些反应的根源。

你不知道的事情自然也是你无法改变的事情。你不知道的事情一定还会再次呈现。

我们做出某种情感反应的根源，或许和第十三章讨论的原因是一样的。看看镜子里的自己，重新审视自己的信念体系以及你讲给销售员关于自己的故事。故事会引发情绪，进而影响我们采取或是不采取某种行动。情绪也会影响到我们使用或是不使用某种技能。因此，关于销售员的负面故事会引发负面情绪，进而创造出"激发－反应－后悔"式的训练对话。

在销售管理研讨会上，每当销售经理们谈到这个话题，我往往就会听到这样的故事：

- 他就是懒惰，根本就不想干活。
- 如果他找不到可抱怨的事情，他就会觉得不开心。
- 他总想找到一个实现成功的神奇公式。
- 他根本就不在乎公司是否会因此而亏本。这就是他为什么总给客户打折的原因。
- 他只想着守住自己负责的地区和手头的客户，根本就没有把数据输入到 CRM 系统中。

看看这些故事，它们会带来乐观的情绪和积极的培训对话吗？当然不能，这个大家都知道。

保持好奇心

无论是《销售领导力》（*Sales Leadership*）的作者基思·罗森（Keith Rosen），还是《勇于领导》的作者布琳·布朗，从这些领导力专家身上，我都能发现一种有效的培训工具——把对待负面自我暗示的态度从批判转变为好奇。基思·罗森给销售经理的建议就是要保持"高度好奇心"。我发现，好奇心会把我的思维方式从无所不知的法官和领导者转变为调查者。我会成为对话的观察者，而不是对话的主导者。调查员的角色会让你保持好奇心，专注于寻找揭开销售员未采取合理销售行为这一谜团的所有线索。

好奇心会迫使你为自己提出能带来不同答案的问题：

- 还有哪些可能是正确的？（某个销售员可能会感到很尴尬。但在一个团队中，每个人都会经历倒霉年份。）

- 想想这里到底发生了什么呢？（是因为焦虑。为了筹集儿子的学费，销售员已经盯上了季度奖金。）

- 故事的哪个部分是我杜撰出来的？（难道这些借口真的是伪装起来的自我怀疑吗？）

提出合适的问题，把对话从忙于制造情绪和恐惧的爬虫脑转交给解决问题的大脑。通过这种转化，我们就可以运用诊断销售业绩问题所需要的硬技能，也就是说，指导培训技能。好奇心思维让我们从"我必须正确"转换到"我必须想办法做对事情"。

在这一点上，布莱恩·格雷泽（Brian Grazer）的观点让我们受益匪浅。他不仅是《阿波罗 13 号》（*Apollo* 13）、《美丽心灵》（*A Beautiful Mind*）和《现代美人鱼》（*Splash*）等影片的制片人，还是《压榨式提问：如何通过压榨式提问获取对方的毕生功力》（*A Curious Mind：The Secret to a Bigger Life*）一书的作者。布莱恩与来自各行各业的人们进行过数百次"好奇心对话"。他有幸从这些对话中获得新的视角、洞见以及不同的观点。布莱恩指出，只有在关心某个人的时候，你才会对他有好奇心。当你真正对某个人好奇时，你自然会对他提出更多、更有意义的问题。

对销售经理来说，只有你真正在乎某个销售员，才会对他们销售业绩不佳的真相感到好奇。于是，你会提出更多、更有意义的问题，进而发现，真正的答案可能完全不同于你为这个销售员杜撰的故事。

好奇心指导

看看下面这些常见的销售指导情境，其中，销售经理采取的指导行为完全出于自我保护心理，而不是基于好奇心。

情境 1

销售员："你知道，我负责的地区本来就很糟糕。"

销售领导者的反应：

- 基于自我保护心理："在你负责的地区，高质量潜在客户的数量要多于国内其他任何地区。我可以让你看看这些数据。"
- 基于好奇心："是这个地区确实很糟糕，还是你在这里遇到真正强大的对手了？是这个地区确实很糟糕，还是你需要更多帮助去与该地区理想客户建立联系呢?"

情境 2

销售员:"我们的营销资料已经过时了。"

销售领导者的反应:

- 基于自我保护心理:"市场部刚刚更新了这份营销资料。和竞争对手相比,这份资料要好过两倍。当我开始从事销售时,公司根本就没有市场部,但我仍然能够完成指标。"(而且我还要步行 10 英里去上学……)
- 基于好奇心:"再给我讲讲资料过时方面的情况吧。你希望通过什么样的营销资料帮你拿到更多订单?你认为应该如何更新营销资料呢?"

情境 3

销售员:"如果我们的定价更合理一点,我还能拿到更多的订单。"

销售领导者的反应:

- 基于自我保护心理:"我们有很多客户是按全价购买公司产品和服务的。我们不妨再谈谈依赖价值而不是价格做销售的事情吧。"
- 基于好奇心:"是我们的定价出了问题,还是你选择的目标客户不合适呢?在你按全价拿到订单时,你认为这类业务有哪些共同之处呢(痛点、竞争对手或触发事件)?"

运用你教给销售团队的那些软技能;审视你的自我限制信念和你讲述的故事;成为一名销售调查员,充分发挥你的好奇心——这种转变可以帮你更好地使用销售管理的硬技能去指导技能训练。

共情力和影响力

如第十二章所述，共情力是一种威力巨大的影响力技能。那我们是否有可能在销售领导力中遗漏了这个要素呢？当然会。

我们很容易陷入"我的本意是好的，但方法有点偏离正轨"的误区中。尽管有意帮助销售团队实现改善，但销售经理却忘记了共情力和影响力的作用。销售领导者可能果敢坚定，并善于解决问题。但这些能力也可能成为他们的致命弱点。当某个销售员提出问题时，销售经理就会变成无所不能的侠客，毫不迟疑地为他们提供建议。

但问题是，如果你不能证明自己确实听懂了他们的问题，那么，不管你的建议有多么完美无瑕，销售员都不会听从你。他们也像你的潜在客户一样，他们首先是人，是渴望被理解的人。

在当下这个快节奏的世界里，作为销售经理，你必须发挥自我认知能力。你肯定非常忙，而且可能很想"加速实现共情"。但是很遗憾，共情不可能瞬间达成。共情力是一种需要投入专注的技能。你必须投入，才能达到共情。它需要你充分认识到你在日常对话和辅导课程中展现的姿态：决定目标，然后全神贯注，集中注意力。

活在当下，把握现在吧！

培养销售领导者的共情力

共情力是通过调节我们的情绪、所想或所感而形成的。如果销售经理根本就不知道销售团队的所想所感，他们又如何去影响首先是正常人的销售员呢？

当然不能。

静下心来，回想一下你作为卖方所经历过的种种销售情境。你是否有过这样的体验：

- 是否会对潜在客户或现有客户感到心存畏惧？你的脑子里想到了什么？
- 是否出现过自我怀疑？此时此刻，你在想什么，或是感觉到了什么？
- 是否曾经因为一筹莫展或是一无所获而感到沮丧？

你需要穿透这些想法的表面，超越一般性情绪描述和公式化辅导对话的外表，发掘深层次的思维。留出时间去反思，深入体会你自己的情绪，而这又可以帮助你去发现销售员的情绪状态。

按照图 18－1 所示的"五步法"模型，我们可以说明如何超越表面和一般性辅导对话的束缚。

放慢脚步
停下来思考
站在销售员的立场认识问题
说出销售员的所想、所感
闭口不语，倾听他们的故事

图 18－1 "五步法"模型

比如说，一个销售员坚持认为，新 CRM 系统太难了。现在，你从销售团队的其他成员口中得知，新 CRM 系统比旧系统简单得多，并且效率足足是后者的两倍。你最初的反应或许就是杜撰一个有关该销售员的故事："这个销售员永远只会阻碍变革。"或者，你的情绪受到刺激，开始强烈维护自己的观点，为新系统的有效性进行辩护。为证明你的立场，你引用团队其他销售员的成功故事——他们在使用新 CRM 系统时没有遇到任何问题。

诚然，这的确是建立情感纽带并打造信任的一种好方法。

但不妨放慢脚步，停下来思考，认真考虑一下销售员的观点，无论你是否同意他的观点。（说起来容易，做起来难。）

站在销售员的立场认识问题。共情力就是一种可以聆听和感悟非语言对话的能力。这名销售员并没有说出的话是"改变不容易"。这场对话的真正核心并不是新的 CRM 系统，而是关于改变。销售员仍处于学习曲线中最艰难的阶段。他不是技术爱好者，所以，技术令他感到恐惧。CRM 希望的变化，意味着他需要更多时间才能完成任务。

富于共情力的销售经理会说出销售员没有说出的话——他的真实想法或真实感受："我猜想，你对新 CRM 系统的不满，是因为它放慢了你前进的脚步，这让你不得不把时间花在不能带来收入的事务上。尽管其他销售员喜欢这个新系统，但它却成了你的绊脚石，因此，它对你一点帮助也没有。我对这种情况的解读正确吗？"

如果你听到的是一个斩钉截铁的肯定声音，就说明你已经拥有了共情力。保持冷静，避免陷入单纯解决问题的困境。要学会提出问题，了解销售员的故事："告诉我，到底发生了什么。"有效的指导就像是良好的推销技巧。在提供解决方案之前，你首先需要听听销售员讲述的故事。

只有先了解销售员的故事，你才能进入指导和培训对话。不管你的建议有多么完美，如果不能让销售员感觉到你在倾听而且理解他的心声，他们都不会听从你的建议。

共情力和有效的销售辅导

约翰是一位出色的销售主管。在参加了我们的几门培训课程之后，他讲述了通过提高自我认知度带来的新思路。"我根本就没想到过，我在让销售团队成员陷入战斗或逃跑的情绪状态。我一直把大块时间花在销售拜访总结上，但现在，我才意识到我的总结会听起来更像是一次审讯，而不是对他们有帮助的辅导。难怪我的销售团队成员经常会不自觉地为自己的行为辩护，总喜欢证明自己是对的。每当销售员给团队带来损失并请我提供支持时，我都没有展现出应有的共情力。我的第一反应就是马上解决问题，不要让同样的事情再次发生。"

不管你的建议有多好，如果你不能让销售员意识到你确实理解他们的处境，那么，他们自然不会听从你的建议。

共情力缺失的销售管理

下面是销售管理缺乏共情力的一些常见示例。在和销售经理的合作中，我注意到，他们解决问题的方法原本是善意的。他们确实很想帮助自己的销售员，但采用的指导模型是不正确的。销售经理的正确做法应该是：共情在先，建议在后。

我们不妨看看一些典型的指导情景，用心良苦的销售经理颠倒了指导模型，迫不及待地为销售员提供建议，希望他们马上解决问题。

销售情景 1

一位销售员已连续 9 个月跟踪一笔交易。这时，对方公司引入了一名新的决策者，并引荐了他以前结识的供应商。现在，这家新供应商成了重要竞争对手，也需要纳入考虑范围。

销售经理可能会这样回复："好吧，我们调整一下策略，看看如何和这个新买家接触一下。我们仍可以拿到这笔订单。提出哪些问题会让我们在这笔交易中处于最佳位置呢？"

基于共情力的回复："这令人讨厌了。你在这笔交易上原本做得非常好，现在看来你得重新开始了。但最重要的是，你可能会有种受到背叛的感觉，因为对方公司内部的支持者并没有采取足够措施来推动这笔交易。我这样说对吗？"

销售情景 2

销售员始终做得有板有眼，没有犯过任何错，但还是没有发掘到充足的客户来源。

销售经理可能会这样回复："没问题，我们再看看你的活动计划以及相应的具体策略。我们可以重新梳理这个问题。"

基于共情力的回复："你肯定会感到有点沮丧，因为你从未犯过错误，而且一切都按你预期的方向在发展，根本就想不到会突然出现这样的事情。你甚至可以认为，在这个位置上，你已经做了一切应该做的事情。我说得对吗？"

销售情景 3

销售员有一个长期合作的老客户，但是因为公司的另一个部门没有按照约定日期履行职责，让这位老客户对销售员非常不满。

销售经理可能会这样回复："我愿意给客户打个电话，和对方解释一下这件事。那个部门的表现确实让我感到非常头疼。"

基于共情力的回复："我知道你肯定会感到有点失落、不满意，因为客户似乎忘记了你为他们公司做出的所有努力。尽管问题不是出在你的身上，但不管是谁出错都已经无关紧要了。我说得对吗??"

不管你的建议有多好，只要销售员认为你不理解他们的处境，他们就不会听从你的建议。

情绪的自我认知、自信和关键性销售对话

科里·帕特森（Kerry Patterson）、约瑟夫·格雷尼（Joseph Grenny）、罗恩·麦克米兰（Ron McMillan）、艾尔·史威茨勒（Al Switzler）共同撰写了一本堪称伟大的著作——《关键对话：如何高效能沟通》（*Crucial Conversations*）。这本书的重点，就是告诉管理者和领导者如何有效进行艰难的对话，或者说，关键性对话。

我也把这些对话称为"讲真话的对话"。这种对话显然不轻松，很多人充其量也只能是参与而已，很难成为关键对话的主宰者。你聘请的销售员可能很出色，但是在某些情况下，你还是有必要和他们进行一番讲真话的对话。

组织要实现与时俱进，就必须不断地发展和演变。这意味着，你的销售团队也需要随之发展和演变。人的本性就是不喜欢变化，因为变化代表着未知。

未知就隐含了失败的可能性，因此，即使新的观念和经营方式能给未来成功带来保障，但人们依旧会抵制任何新的观念和经营方式。

情绪管理、自信和自我认知是开展讲真话对话所需的关键情商力。

讲真话对话为什么难以兑现

没有人会期望艰难的对话。难道我们就不能友好相处吗？在探索销售主管不能讲真话的原因时，我发现，恐惧心理再次成为臭名昭著的罪魁祸首。

从总体上说，恐惧是人们不敢直言自己要求的一个重要原因。因为他们总担心会失去什么，于是，他们就不会开诚布公地阐明自己的需求。

- 因为担心失去孩子的爱，因此，父母不会对孩子严加管教。
- 因为担心对方会离开，因此，配偶会容忍对方粗鲁而高傲的行为。
- 因为担心遭到服务员的白眼（或是其他更糟糕的结果），因此，顾客不会把冷食退回后厨。

销售经理不能坚定自信地对销售员提出需求，不得不忍受不合理的销售行为，在很多情况下也是因为恐惧。

- 担心销售员离开公司，并带走公司最好的客户。
- 担心销售员离开后的空缺难以填补。你的行业没有什么吸引力，因此，你很难找到优秀的销售员。
- 担心销售团队不喜欢你。你对团队认同的需求导致你难以直接提出自己和公司的正当要求。
- 担心讲真话会改变销售文化。

振作起来，到面对现实的时候了

在我们的"Ei 销售管理培训课程"中，我设计了一项练习，要求参与者写下一个熟人的名字和一个非常亲密的朋友或亲戚的名字。然后，我请他们写下是否曾经和这两个人发生过冲突。

95% 的参与者写道，他们和熟人之间没有发生过冲突。但几乎100% 的人会说，他们与亲密朋友或亲戚有过冲突。这项练习提高了参与者对冲突这个主题的自我认知。在现实中，人们之间的关系越密切，就越有可能讲真话。

接受拒绝、崇尚关爱的销售文化

几年前，我曾遇到一位非常优秀的首席执行官，她不无自豪地讲起所在公司的历史和自己的家庭文化——培育文化。但随着谈话的深入，我开始逐渐意识到，她拥有的不是培育文化，而是一种养育文化。这个"家庭"是成人托儿所和高级养老院的交集。销售代表满腹牢骚，对一切都心怀不满（托儿所），很多人安于现状，对一切都心满意足（养老院）。

这位性情温和的首席执行官习惯于拒绝一切。她所说的培育文化，实际上是一种回避责任和问题的销售文化。无法进行艰难的对话，最终导致销售收入的下降和权力文化。在我问到有关责任和义务的问题时，她马上祭出一大堆借口，无非就是想告诉我，她为什么不想采取新的销售行为，以适应不断变化的商业环境。但他们的竞争对手既没有抱怨，也没有退缩，而是正在忙于接手这家公司的优质客户！

这位首席执行官明显缺乏与团队讲真话的信心。既然成功需要她做出自己不愿意接受的改变，那么，止步不前、放弃机会，自然也是情理之中的事情。

咄咄逼人、消极被动的指导模式

很多销售经理非常自信，这也是人们在很多顶级销售大师身上发现的一种软技能。但这种软技能的显现可能会因条件而异，我注意到，很多销售经理并没有把这项重要的技能带入他们的销售领导工作中。在进行关键的销售指导课程时，这项技能似乎荡然无存，毫无踪影。销售主管会不自觉地陷入他们习惯的指导模式：要么咄咄逼人，要么被动攻击。

如果一名销售经理尚未完全掌握自我控制和情绪管理能力，那么，他们的缺省模式更有可能是咄咄逼人的激进方法。销售经理会直截了当地告知销售员，自己期望看到怎样的变化。他们会以压迫性的语调，辅之以更紧张的面部表情来传递这条消息。这种方法会在销售经理和销售员之间开启"激发-反应-后悔"式循环。销售员会做出自我保护性的回应，从而导致对话陷入紧张情绪。但他也可能采取被动攻击的方式做出回应，从表面上看，他似乎接受销售经理为自己设定的期望。但隐藏在语言背后的，或许是销售员的愤怒，他根本就无意采取销售经理建议的任何方案。最终的结果，就是销售行为几乎没有任何变化。而这个销售经理会在下个月重新面对同样的问题。

在关键的辅导对话中，如果缺乏自我认知，销售经理可能会不自觉地采取被动攻击的行为。畏惧总是和回避相伴而行。一旦销售员表现出拒绝上司建议的迹象，就会导致销售经理做出"好吧，好吧，我们换个话题"之类的反应。"我不能失去这个销售员。我根本就找不到人取代这个职位。我还得指望他帮我拉回客户呢。"

于是，销售经理会选择随和将就，不会再执拗地坚持成功需要的新标准。相反，他们的画风是这样的："好吧，让我们再聊聊这件事。"（而且这会变成他们以后的习惯性方式。）销售经理和销售员会一遍又一遍地不断重复同样的对话，因为被动攻击的销售经理不够自信，因而无力开展困难的辅导对话。

自信的销售经理善于讲真话，着力改善各种不良销售行为，譬如态度不端、无法实现销售目标或是缺乏必要的跟踪流程，能引导销售员成为更优秀的团队成员。

自信的销售经理善于把自我认知、共情力和自信等情商力融入艰难的辅导对话中。他们很清楚会导致自己自发陷入侵略性或被动攻击行为的诱因。他们会利用共情力为开展有效对话奠定基础。他们会以高度的自信，采取明确、易于接受的方式，阐述他们的行为预期和必要的改变。

不妨看看一场体现自信、自我认知、共情力、讲真话式的辅导对话到底是如何展开的。对话的主题就是针对一位经常缺席每月部门销售会的资深销售员。

"吉姆，我想解决一下你经常缺席团队销售会议的问题。首先，我真希望你能知道，我非常欣赏你在实现销售目标这方面做出的努力和取得的成果……其实，我从不担心你的能力和职业操守。而且，如果我处在你的位置上，我实际上也会对这件事感到疑惑。（共情力）

"我为什么一定要参加这些会议呢？我马上就要完成指标了。"

"这些会议占用了我原本可以做更多推销工作的时间。"

"我这么说有道理吗？"

"是。我没有丝毫冒犯的意思，但我确实觉得销售会议就是在浪费我的时间。我认为，您应该把这些时间用到其他更需要帮助的同事身上，而不是让我们这些人坐在那里聆听和自己无关的事情。"（注意你对吉姆这个回答做出的情感反应。）

"嗯，你说得非常有道理。"（运用共情力，不要偏离话题。）"但这就是问题所在。也许你参加这样的会议毫无意义，但或许也能为我们提供一点帮助。我们的业务正处于发展中，增加了很多新销售员。和我一样，你也是这个部门最早的创建者之一。不知道你是否还记得，我们之所以能取得今天的成功，一个重要的原因在于在创业的那段时间里，我们大家相互支持，抱团取暖。我们经常分享彼此的体会，集思广益，这让每个人都受益匪浅。你同意我的说法吗，还是觉得我是在编造事实？"

"是啊……我当然记得。那些创业的日子确实很艰难。我们没有值得炫耀的大品牌，也没有打开属于自己的市场。"

"你说得对，我很清楚，这样的合作也是我们未来取得成功的秘诀。所以说，我需要你的帮助。作为顶级业务员，我需要你出席会议，助我一臂之力，暂时停下当下手头的其他工作，无所保留地给大家分享你的专业知识和经验，这肯定有助于新员工更快地体验成功。我们的销售团队确实非常优秀，但也有不足之处，因此，我希望我们的每一个同事都拥有强大的能力。每个月只需要占用你两个小时的时间……你能行吗？"

"当然没问题……两个小时也不会让我憋死。就这么定了。"

拥有高情商的销售经理强调情绪管理、共情力和自信的作用。凭借这些情商能力的有机组合，可以让你有效开展讲真话式的对话。

看看镜子里的自己，你是否在用行动为你传授的观点做示范呢？

■ 销售领导者的情商行动计划 🖋

1. 抽出时间，让自己安静下来，反思你是否曾为销售团队的成员杜撰过负面故事。

2. 培养你的好奇能力。在辅导对话中扮演销售调查员的角色。

3. 将强大的共情力技能融入你的指导对话中。

4. 练习共情力的"五步法"模型。

5. 回顾和分析最近开展过的辅导对话。你在对话中展现的是自信、被动攻击型还是积极进取的沟通技巧？

19

神经科学

培训和辅导的

　　很多年以前，我曾听过帕姆·戈登（Pam Gordon）的讲话。她曾经是一位屡获殊荣的演员，也是成人学习领域的专家。在讲话中，她分享了成人学习模式方面的深刻见解，帮助演说者和培训师规避最常见的结局——"你的演讲很精彩。但最糟糕的是，所有参与者都记不住你说了什么，也不会应用你说的话。"信息和知识就是力量，但只有把它们用于实践才是有意义的。

　　就在聆听帕姆讲话的时候，我又经历了另一个"还用你说"的时刻。"这还用你说，谁都知道，这就是销售经理难以把自己的成功经验传递给别人的原因，也正是因为这个缘故，真正优秀的销售员通常不会走上销售领导者的职位。"在成为销售经理时，这些成功的销售员往往会遭遇失败，因为他们未学过指导和培训方面的基础知识，而这恰恰是领导者培育销售员的必备技能。

　　正如已故传奇篮球教练约翰·伍登（John Wooden）所言："不要把专业知识与指导能力等同起来。"

设想一下，专业老师为掌握如何指导未来的学生而上了四年大学，专业教练为了拿到教练证书需要参加很多培训课程，那么销售经理到哪里能拿到培训学位？唯有一所名为"坚信和执着"的大学。

合格的销售经理很清楚，怎样才能把让自己成为销售冠军的知识、习惯和技能传授给其他销售员。销售经理的目标不是要成为会议室中最聪明的那个人。如果真是那样的话，那么，你或许可以尝试成为公司的全职首席问题解决官。

销售大师的神经学

我曾在自己的第一本书里谈到过神经可塑性概念，在这里，我们有必要重新探讨一下这个话题。如果没有这方面的知识，销售经理会经常性地陷入沮丧状态中，他们会感到奇怪：销售团队为什么总是不能执行他传授的那些知识和技能呢？

多年以来，学术界曾有一种观点认为，大脑是固化的，大脑中的神经元数量是确定的，而且只能以预定方式执行任务。而目前的研究却表明，大脑可以形成新的神经通路，因而能通过学习掌握新的行为和生存方式。这个过程就是所谓的神经可塑性。"赫布定律"（Hebb's law）把这个过程描述为"共同激活的神经元实现相互联结"。

重复是形成这些新神经通路的关键，正是因为有了这些通路，人才能形成新的思维方式和行为方式。因此，只练习一次销售技巧显然不足以在销售员大脑中建立新的关联。观察任何专业领域的大师级人物，你都会在他们身上找到一个共同点：他们都把大量的时间用于实践。

掌握销售技巧和情商技巧应该很简单，对吗？练习和重复完全是销售员可以控制的事情。既然如此，为什么还有这么多销售员和销售组织依旧停留在过去的行为方式中呢？

当心"J 曲线"

如果你从事销售管理的时间已足够长的话，那么，你会注意到"J 曲线"现象。你要指导销售团队掌握一种新的销售技能，并利用这种技能给销售会议和销售结果带来积极的调整。这种新技能与销售员近五年采用的方法截然不同。

但是，假设你的销售员非常愿意学习，而且热衷于把新的技能用到与潜在客户的下次会谈上。在运用这种新技能时，他感到力不从心——连说话都会变得结结巴巴，语无伦次。使用新方法让他觉得不自在。于是，这位原本愿意学习的销售员开始变得保守。为什么会这样呢？因为他脱离了自己熟悉的舒适区，而且这种方法带来的销售业绩也不及平均水平。

在从事销售主管和销售培训师的职业生涯中，我已经多次听到、看到销售员对采纳新技能的抵制。

"这在我们这个行业根本就行不通。"（请注意：销售员其实根本就没有尝试过这种新的销售方式，但却笃定新方法是无效的。）

"我的老办法还是管用的……既然如此，我为什么要尝试新办法呢？"（或许是因为你编写的练习建议已远远超过预先约定的数量。）

那我们来看看"J 曲线"理论吧。该理论成型于一百多年前，它描述了国家的经济行为方式——在发生重大变化期间，事情往往会经历一个先恶化、后好转的过程。这个模型，可以用来描述从经济到学生学习成绩等各个方面的变化过程。

很多销售经理根本就不知道该如何帮助销售团队应对变化。他们尚未学会如何减轻销售团队对新思想的抵制，避免团队陷入得过且过、安于现状的情况。因此，他们最终难有任何实质性改变，只会相互推诿、哄骗和说服。

我们不妨看看下面这个模型。起点是销售团队当前的销售技能和思维定式的所在位置。尽管目前状态也不错，但还不足以在竞争日益激烈的商业环境中夺取胜利。在你向销售团队传授新的销售技能时，由于销售员尚未通过足够练习来形成新的神经通路，因此，他们极有可能经历一个先坏后好的过程。在学习的初期阶段，这些神经通路看起来更像是来回摆动的钟，而不是人们希望达到的右侧的"T"型部分——完全掌握新技能（图 19 – 1）。

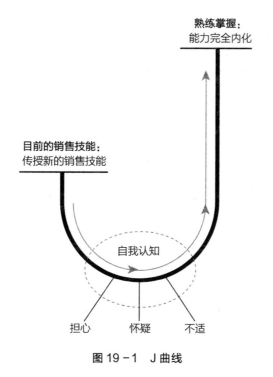

图 19 – 1　J 曲线

随后，他们开始向 J 曲线的底部移动。在底部这个位置上，最重要的就是调整销售员的心理状态。此时，发挥作用的是销售员的爬虫脑：这种新方法不同于老办法，是未知的，而且可能是危险的。在曲线底部——也就是所谓的"学习曲线"，爬虫脑站出来告诉他们：

- 危险……你不知道该怎么做。你可能会失败。
- 放心吧。你以前的销售方式没那么糟糕。
- 危险……你还没掌握这项技能。千万别这么做——在潜在客户和现有客户面前，你会显得很愚蠢。
- 危险……掌握这种新方法似乎需要大量的时间来学习，而你手头的工作已经很多了。

销售主管必须意识到，在 J 曲线的底部，他们会出现负面的自我暗示以及冲动控制的弱化："我独立完成这笔交易更容易。我根本就没时间让这个销售员掌握新技能。而且这个销售员根本就不想进步。"

千万不要放弃。不断强化自己的新技能、习惯和行为。当销售员的技能不断提高并在 J 曲线另一侧向上移动时，你的勤奋就已经得到了回报。你会听到，他们的自我暗示从"我永远达不到这个水平"变为"嘿，我对此很擅长。我要是早点学会这种方法就好了。"

重复一两遍甚至三遍，当然无法达到精通的程度。新的习惯需要每天坚持练习和重复才能养成，具体依赖于所学技能的复杂性。《欧洲社会心理学期刊》（*European Journal of Social Psychology*）的研究表明，一种习惯的养成短则需要 18 天，长则需要 254 天。只有经过如此长期的练习和重复，新的信息才能进入大脑的长期记忆区——即基底神经节。

学习和掌握新的技能和习惯是一项非常艰苦的工作。麻省理工学院的高级讲师、《领导力神经科学》（*Neuroscience for Leadership*）一书的作者塔拉·斯瓦特（Tara Swart）博士指出："大脑的本性就是懒惰，如果允许的话，它通常会选择最节省精力的方式。"

大脑是最耗费能量的器官，它消耗了体内全部能量的一半。当一个人在学习新事物时，大脑就会变成吸能怪兽。难怪销售员会提出在 J 曲线底部放弃，并继续在销售中采用陈旧过时的方法。做到平庸远比实现卓越容易得多。

销售经理应学会发挥推迟满足能力，避免即时满足感和"一劳永逸"式销售培训的诱惑。这当然不难理解：你为销售培训课程投入精力，现在，你的销售团队得到培训，并得到终身受益的本事！

销售经理应重新审视自己的指导和训练日程表。你每天或每周与销售团队练习的是哪些销售技能？你是否已连续 18 天或是 254 天强化团队的预期销售行为？如果你们强化新概念的时间不够长或是不够频繁，那么，你的销售团队就会跌至 J 曲线的底部，而且有足够动力回归舒适区，重拾"已经足够好"的销售技能。

销售经理应指导你的销售团队掌握有关学习曲线和 J 曲线的概念。这些知识会让精通技能所伴随的挑战不再难以接受。这样，你的销售团队就不会觉得自己像失败者，相反，他们会发现，挣扎和不适只是提升技能和知识的常态化部分。

让失败常态化

在精通技能和 J 曲线这个话题上，我最喜欢的一个故事来自我们的一位客户查尔斯·阿维拉。当时，查尔斯刚从斯坦福大学毕业，并拿到工程学学位，他被一家工程设备销售公司聘用，负责检测设备的推销。虽然他完全不缺少这项工作所需要的销售智商，但凭借较高的自我认知和自我认同能力，他认识到，自己对销售这个行当还一无所知。于是，他参加了我们的销售培训及辅导课程，毫无疑问，他是位了不起的学生。有一天，他打电话给我们的办公室，并联系到我们最优秀的销售顾问——盖尔。盖尔原以为，查尔斯的电话是为了向他报告搞定大客户或是超过销售目标之类的好消息。但是让查尔斯兴奋的事情显然不是这个："盖尔，我已经到了 J 曲线的底部！"他之所以这么激动，是因为他知道，到达底部之后，销售技能水平的唯一运动方向就是上升。他不会体会到自我怀疑或担心，因为我们已经把失败变成学习新技能过程中的常态化事件。他很清楚，在很多情况下，只有先遭遇挫折，而后才能体验收获。

销售生理学

在我们学习新技能时，大脑中的海马体（大脑中外形似海马形的结构，主要承担信息处理、存储和回放）是实现陈述性记忆（declarative memory，对有关事实和事件的记忆）的基础。尽管销售员可以尝试多任务处理和学习模式，但在这个过程中，对信息的保留和恢复能力会有所下降。任何新信息都难以固化在长久记忆中。因此，这时销售员和公司的无效学习就是在浪费时间和金钱。

拉塞尔·波德拉克（Russell Poldrack）是加州大学洛杉矶分校的心理学副教授，他和美国国家科学院合作，针对多任务模式对学习和习得能力的影响方式进行了一项研究。他们发现："即使我们在进行多任务处理中能进行学习，但由于这种学习缺乏灵活性，且偏于专业化，因此，我们无法轻易找回以往得到的信息。"

这又是一个"石头－剪刀－布"的游戏。只不过这次的"石头"是多任务处理，"剪刀"是学习。在培训或辅导课程期间，如果你的销售团队进行了多任务处理，那么，这个石头注定会妨碍学习。在这种情况下，销售员无法在下次关键性销售拜访中重拾必要信息，从而导致拜访结果乏善可陈。如果你打算在销售培训和辅导课程中允许进行多任务处理，那还是不要浪费时间和金钱了。还不如带领你的销售团队去大餐一顿，也能带来比这更高的投资回报。你的任务，就是以行动诠释实现精通销售术所需要的原则。

年龄神话和注意力持续时间

我们曾与位于科罗拉多州博尔德市的 PopSockets 公司进行合作。这是一个真正的成功故事。创始人大卫·巴内特（David Barnett）在车库里创办了这家公司。实际上，在阅读本书的读者中，很多人的智能手机里都藏有这家公司的创新产品。对于生活在科技时代的"千禧一代"的人来说，会对我们的"无智能设备"原则作何反应，我对此确实有点怀疑。但令我惊喜的是，这个销售团队非常出色。他们不会实施"秘密行动"——两眼盯着桌子下面的手机屏幕。尽管他们的手机和电脑里充满了客户的请求、订单和电子邮件，但他们却熟视无睹。当我和公司人事总监鲍勃·艾夫利卡会面时，我开玩笑地问他，他是否威胁过团队成员在培训期间不得使用智能设备或查看邮件。他笑着说："不，我们初次见面时就告诉过你。这个年轻的销售团队真的富有学习动力。我只是要求他们充分关注培训，而且他们做到了。"

年龄、注意力和多任务处理之间的关系就是这样微妙。

请记住，全球超大型高科技公司不会为销售经理提供专门的支持。他们的团队中配备有神经科学家，他们知道该如何操纵大脑和编程技术来满足自己的科学瘾。他们很清楚，在检查短信或电子邮件时，大脑会释放出一种让人感觉良好的激素——多巴胺，让大脑的奖励中心进入活跃状态。

学习和建立新的神经通路是一项艰苦任务。J 曲线绝非愉悦之旅。练习可能很乏味，因为学习阶段是没有任何回报的。难怪销售经理和销售员会不自觉地查看电子邮件和短信息。这些行为带来的唯一奖励，就是给我们带来更多、更美妙的多巴胺！

我的个人理念是，我拒绝成为科技公司的实验老鼠。我们的销售和管理培训课程完全禁止使用智能设备。我们深知把握当下对学习新信息的重要性。我们高度关注并鼓励销售员的学习思想和学习技能，只有这样，才有可能让他们成为值得信赖的咨询师，而不是平庸而忙碌的交易型销售员。

还是努力学习吧。

销售清单革命

我一直热衷于研究其他专业，以期在如何提高销售和销售管理技能方面获得新洞见。其中的一个专业就是医学，当然，还有阿图·葛文德（Atul Gawande）在《清单革命：如何持续正确使用知识》（*The Checklist Manifesto：How to Get Things Right*）一书中的研究成果。

葛文德说："如今，我们在医学上的最大挑战不只是无知和不确定。其实还有复杂性——我们到底需要在头脑中保留多少东西，我们到底能思考多少事情。事情出错的方式可以有成千上万种。"

葛文德将他设计的两分钟检查清单推荐给八家医院的手术室，由于借助清单消灭了基本误差，手术效果得到了立竿见影的改进。医生和护士也是人，因此，他们也会错过某些细节或是犯某些错误。因为手术和医学很复杂，其间需要跟踪很多来自不同部位的不断变动的信息。

医学实践听起来似乎有点像销售实务。销售员也是人，因而会错过某些细节或是犯某些错误。销售活动非常复杂，其中也包含了大量的机动部分和信息。不管是新手还是老兵，清单都能帮助他们提高销售效率。

此外，清单还有助于抵御"邓宁－克鲁格"（Dunning–Kruger）效应。康奈尔大学心理学家大卫·邓宁（David Dunning）和贾斯汀·克鲁格（Justin Kruger）于 1999 年提出了这个概念。"邓宁－克鲁格"效应是一种认知偏差，是指在某些方面不称职的人往往无法意识到自己的无能。用最简单的话说，就是我们总会感觉良好地高估自身能力。（我至今还认为，我应该在某个地方的舞台上高歌。）

很多销售经理都遇到过这样的销售员：他们确实认为自己正在进行有效的销售拜访。因为销售员对自身能力的认识存在误差，因此，在你告诉这些销售员应在何处以及如何改进时，他们会充耳不闻。这就要求采用成人学习模型的原则。人们都相信自己的数据，而清单则是一种提供客观数据的良好途径，因此，通过这些数据，销售员可以检查自己是否正在开展有效的销售对话。清单可以帮助销售员确定，自己是否询问了为促成销售所需的全部问题。

销售员遭受"邓宁－克鲁格"效应困扰的一个常见领域，就是如何诊断潜在客户的真实问题或实际目标。很多销售员只停留于访谈问题的表面，而从不通过更深入的问题去揭示问题背后的内涵。

例如，潜在客户提出的问题是"我们需要更好的质量"。如果采用强大的销售清单，那么，销售员就可以发现，他是否揭示出了"质量"的真正含义，抑或只是停留于销售对话的表面。销售清单可以包括如下问题：

涉及财务内涵的问题

- 质量差会给这家潜在客户带来多大损失？
- 由于这笔费用，会导致公司的其他哪些领域受到影响？
- 处理质量差和返工是否会导致预算超支？超支多少？

涉及战略内涵的问题

- 质量差对潜在客户声誉的影响如何？
- 质量低劣是否会影响到公司的拓展能力？
- 这个问题对公司进入新市场会产生何种影响？

涉及个人暗示的问题

- 潜在客户在质量问题上花费了多少时间？
- 由于处理低质量问题占用大量时间而导致哪些工作未能及时完成？
- 潜在客户认为质量问题为老板或顾客带来了哪些压力？

清单会帮助我们消除一种认知偏见，即，"我在这次销售拜访中做得很好"。因为有了清单，我们就必须依照清单采取客观措施，这就迫使销售员判断：在销售拜访中，他们的言行是否是清单要求他们采取的言行。

我们创建了各式各样的清单，从客户发掘活动，到销售过程中的详细咨询阶段，几乎无所不包。

查看你的销售团队最近开展的销售对话和结果，看看使用销售清单带来的改进程度如何。

故事与技能开发

只要研究一下杰出的老师和有影响力的人，你就会发现，他们无不掌握故事的威力。我们每个人都会在职业生涯中的某个时点遇到过出色的演讲者。我敢打赌，你能记住的，唯有他们讲的故事，而不是事实和数据。

大脑会因为故事而受到激发，因此，合格的销售主管会使用这种工具来教导、启发和激励他们的销售团队。故事能激活大脑中的化学物质，从而改善人的认知能力，让人们感觉良好，从而激励他们采取行动。

优秀的老师能让信息产生黏性，并利用故事进行教学和激励。销售主管很容易忽视讲故事的功能，他们往往会下意识地沉迷于 PPT 演示稿或是分享事实与数据。他们确实会提出非常好的观点。但至于真正有价值的结果……似乎没那么令人期待。销售经理迎来送往一批又一批的销售团队，而他们也只是在一遍又一遍地重复相同观点。

把讲故事纳入你的日常培训和辅导过程吧！无论你传授什么样的销售技巧，我都强烈建议为每种销售技巧的教学设计一个相匹配的故事。

利用故事进行销售指导

我的一位客户（销售经理）就曾使用故事来阐述公司的正式及非正式决策过程。对这位销售经理来说，成为舞台上的圣贤，向他的销售团队传授各种专业术语——譬如经济买家、用户买家、技术买家和影响力买家等，显然是一件轻而易举的事情。但是，他却为我们分享了一个亲身经历的故事，让我们体会到识别买方影响力的重要性。

"我的职业生涯始于一家小公司，公司的年收入呈现出持续翻番的态势。我们的 IT 系统已达到超饱和状态，显然，到了安装新 ERP 系统的时候了。为此，我们安排了部门最精明强干的咨询师，与所有大权在握的决策者——CIO、CFO 和 CEO 讨论这件事。如果你的头衔里也有 C 这个字母，那么，你也有资格参加这次会议！

"所有咨询公司在编写综合建议方面都做得非常好。他们精于演示自己的建议，而且深得客户的好评。但我们最终还是选择了收费最高的咨询公司，因为只有这家咨询公司发现了'隐藏的决策者'。这个决策者叫特里，是一名客户服务经理。她从一开始就在这家公司工作。特里负责订单输入部门，在工作中需要与仓库部门紧密合作，她对公司内部的大事小情无所不知。特里深受所在团队的爱戴，因此，只要特里认为需要完成任何任务，她的团队就会义无反顾地照办。

"即使特里的头衔也属于总监级，但还不足以有机会和大多数咨询公司见面，唯有一家公司破了例。最终拿到这个项目的咨询公司只通过一个问题，便找到了这个'隐藏的决策者'：'在公司里，我应该见到哪位目前还没有见到的人呢？'人们不约而同地回答：'哦，你必须要认识特里。'于是，拿到项目的公司对特里进行了访谈，并最终得到对新系统成功至关重要的附加信息。"

这不仅是一个非常有趣的故事，也是一种非常有效的教学工具。这个故事彰显了揭示全部决策者与真正决策者的重要性。这会给销售团队带来积极的压力，促使他们想知道，到底谁才是目前销售漏斗中的隐性决策者。我们的大脑喜欢故事。因此,把故事纳入指导培训课程当中,当然有助于你的销售团队学习和运用更多的信息。

优秀的销售领导者都知道,应如何把帮助他们成为顶级销售员的知识、习惯和技能传授给更多的人;学习并掌握教学与辅导技能,让自己成为更有效的销售领导者。

■ 销售领导者的情商行动计划 🖋

1. 学习和研究成人学习的基本原则。知道如何传播那些让你成为成功者的知识。

2. 指导你的团队认识 J 曲线。

3. 放弃多任务,确保知识习得得到保障。明确你的前进目标。

4. 为各个销售阶段以及相应的技能创建一份清单。

5. 把讲故事纳入你的销售培训和辅导中。

20

第二十章

销售不是一个部门
的事情

假设你给整个销售团队开一次会。皮特是办公室经理，也是大多数潜在客户和现有客户进行电话联系或是当面联系的第一人。琼是客户服务主管，她带领的团队负责解决客户疑问。弗兰克是仓库部门经理，负责公司的发货和应收账款。辛西娅是首席营销官，负责全部营销工作，包括为你的销售团队推荐潜在客户线索。丹妮塔是 IT 主管，负责管理安装调试产品及服务的技术人员。

销售不是一个部门的事情。公司的每个人都会为你的潜在客户和现有客户创造第一印象、第二印象和第三印象。通过这种印象和互动，你基本上就可以确定，这家客户是会成为公司的拥护者，还是竞争对手的下一个客户。

遗憾的是，在配合销售团队的其他部门中，很多成员没有在销售、沟通或情商技能等方面接受过正式培训。这种做法显然是没有远见的，因为这些人需要对售后服务承担责任。他们需要为客户安装产品或服务，解决客户遇到的麻烦和问题，帮助客户学习如何使用新产品或服务，确保客户能感受到该项投资的丰厚回报。

设想一下，假如公司中的所有人都接受过如下方面的培训，这对于公司的客户开发能力有何提高呢？

- 以不同的个性风格开展交流
- 共情力
- 情绪管理
- 情绪自我认知
- 冲动控制
- 自信

没有适当的培训和教育，就会削弱客户体验。因此，来之不易的新客户往往会成为匆匆过客，前门进，后门出。相关研究表明，原本可避免的客户转移给美国企业带来的损失约为 1360 亿美元。哎，太遗憾了！

根据 Peppers&Rogers 咨询集团的研究，销售员带来的情感体验对客户的影响远远超过其他任何传统因素。他们发现，在终止与公司继续合作的全部客户中，60% 是因为他们认为销售员的态度过于冷漠。

冷漠之所以会成为最常见的解释，是因为售后团队没有接受过情商方面的辅导，尤其是共情力方面的培训。销售不是一个部门的事情，与客户的每次互动都是一个提升或打击销售的机会。

你的支持团队以及与客户互动的所有人都是销售员，他们都是销售团队的一个组成部分！

移情与售后服务

回想一下你自己购买产品或服务的体验。你或许也遇到过以下情况。

辛西娅在百忙之中，专门抽出两个小时等待技术支持人员。她一直在苦苦等待，最后终于收到客户服务专员乔的电话。这次对话的大意是这样的："辛西娅，我知道我们的技术人员错过了这两个小时的窗口时间。这确实有点令人沮丧。但不管怎样说，还是要感谢你选择我们的业务。"

辛西娅变得烦躁了，她心想："如果你了解我的困难，就要更好地反映这件事啊！"于是，"激发 – 反应 – 后悔"循环开启了，辛西娅措辞强烈地对乔进行指责，乔无助地盯着刚刚拿到手的培训结业证，上面写着"顾客关系专业毕业证"。

如果处理客户投诉的人知道应如何在工作中运用共情力，那么，整个对话的基调将会彻底改变。乔本可以表明自己确实理解辛西娅对失约的想法或感受，从而缓解她的怒气。我们不妨用这个示例构思一个体现极端共情力的情境。

乔给辛西娅打来电话，并在对话中充分展示了现实生活中的共情力："辛西娅，我知道，我们的技术专员皮特没有在预约的两个小时给您回复。"乔停顿了一下，继续说，"您肯定认为，这家伙就是个白痴。我相信您肯定会觉得很失望，毕竟，您的日程安排很紧张，但我们还是浪费了宝贵的两小时时间。现在，您能否重新安排个时间，让我们为这次失约进行补偿。当然，我也很清楚，您可以在很多公司选择这项服务，您或许正在想，我为什么会选择你们这家破公司呢？我这么做对吗？"

是的，这就是一个体现极端共情力的例子。而且这也正是客户此时此刻的想法。这样的对话实际上会分散客户的情绪化反应，因为他们感到自己的心声得到了他人的倾听和理解。客户也意识到，他们无须再为不公的待遇而抗争。于是，他们对得不到理解的担心会逐渐消失。

我难道是在唆使大家抛弃自己的盟友吗？当然不是。这个例子的目的就是唤醒大家的注意，转而关注对售后服务团队进行共情力技能培训。

如果顾客不知道、也不相信整个销售团队都了解自己的观点，那么，他们当然也不会接受销售团队提出的任何解决方案。在当今竞争激烈的商业环境中，缺失情感纽带的客户必然会另寻出路。

以共情力打造新对话

几年前，我们曾和一家大型分销公司的销售支持团队进行合作。如果你对分销有所了解的话，那么，你就会知道，在这个行业里，即使经营良好的公司也时常会遇到履约问题。到货时间超过最后期限，客户订购了错误的商品，商家发出的产品与客户订单不符，或者发货颜色不符，这样的问题不胜枚举。在进行评估的过程中，我们发现，很多履行问题实际上是由客户造成的。销售经理和销售团队认为，谁是问题的始作俑者并不重要。他们关心的是让事情变得正确，而不是事情本身必须正确。因此，他们的目标就是提供极端的客户支持。为此，我们进行了符合实际的共情力销售培训，整个团队感到收获颇丰。随后，在接到客户的投诉电话时，他们在舒缓客户情绪方面的表现非常出色。以下是我们与整个团队共同解决客户服务问题的部分示例：

"对于我们给您带来的压力，我们深表歉意，因为我们已经猜想到，由于错过期限，您的客户肯定会不满意，然后就会不停地给你们打电话。"

"很抱歉，您不得不亲自处理这个问题，因为我完全能想得到，您肯定还有其他更重要的事情需要处理。但是现在，为了解决最初原本不该发生的事情，您不得不抽出宝贵时间打电话给我。"

根据团队的报告，他们在舒缓客户情绪方面已取得了巨大成功。他们发现，当客户感到自己的诉求得到支持团队的理解时，他们对预防问题再次发生的新方法也表现出极大的接受态度。显然，共情力第一、建议第二的原则，在与客户建立情感纽带并预防未来问题方面同样非常奏效。

走出办公室，到客户身边体验他们的真实感受

在你的公司里，除销售员以外，还有多少人会定期拜见客户，以便于亲身体验客户的真实生活呢？花点时间和客户共处，亲耳聆听他们对服务的褒贬评价，这是其他任何手段都无法取代的。

在阅读梅琳达·盖茨（Melinda Gates）的著作《女性的时刻》（*The Moment of Lift*）时，我再次想到了这一重要的服务策略。盖茨基金会在全球范围的工作都取得了良好的口碑。该基金会取得成功的众多原因之一，就是他们的团队成员并不完全根据 Excel 电子表格和数据进行决策。他们不畏艰辛，深入偏远的村庄，和他们准备救助的群体进行面对面的交流。他们多年来积累的经验是，如果不与当事者（比如贫困妇女和儿童）进行面对面的对话，你永远都无法找到正确的解决方案。

盖茨基金会带给我们的经验就是，让你的团队成员走进客户的村庄。与当事者，或者说你的客户进行推心置腹的交谈。通过这些对话，你的团队会亲眼看到客户的所作所为，亲耳听到客户的心声，真实感受客户新的要求。他们会听到客户因为新竞争对手的出现或是行业变革而面临的新威胁。因此，唯一可以为客户创造优质解决方案的途径，就是走出你自己的办公室，来到客户的身边，亲身体验他们的真实感受。因为只有你的客户才是掌握答案的当事者、知情人士。

因此，运营总监有必要陪同销售员亲自拜访客户。通过与客户的直面交流，你就可以了解到，公司及其他部门还能提供哪些支持，让客户的生活和体验更加轻松愉快。

一定要安排拜访主要客户及客户服务总监的日程。不管调查结果有多好，都比不上直面对话的效果。这一点不妨听从贾内尔·巴洛的建议。作为一名客户服务专家，她提倡公司应主动了解客户的诉求，听取他们的抱怨。巴洛认为，投诉是客户奉献给公司的一份礼物，因为研究表明，即便对服务不满意，大多数客户也不会抱怨，而是会静静地离开，寻找其他卖家。

看看以下这些统计数据：96%的客户不会因为不满意而投诉；根据金融培训服务集团（Financial Training Services）的统计，在这些对服务不满意的客户中，91%的客户会放弃原来的供应商，而且永远不再回头。

客户为什么不投诉呢？很多人认为太麻烦。还有些认为，即使投诉，也不会带来任何改变。但是，当一个活生生的人坐在你面前，真诚坦率地询问你有哪些不满意之处，以及怎样才能更好地和你进行合作时，客户的态度会怎样呢？肯定会发生巨大的变化。

关系始于公司内部

没有人有时间去建立关系，你需要创造时间去建立关系。否则，男女伴侣为什么要安排约会之夜呢？

从事销售主管的先生女士们，关系始于你的公司内部，从你自己开始。你必须和所有辅助销售团队及其他能帮助销售团队留住客户并提供服务的部门建立关系。换句话说，你需要建立一个"销售村"才能赢得并保留业务。因此，你还要安排时间去拜访其他部门，亲身体验他们的生活。

打造"销售村"

我们曾为一家从事打印服务的企业提供咨询，项目结束后，这家公司的一位销售负责人马上落实了我们的建议，并花更多的时间亲自接听客户支持团队收到的客户电话。通过这些措施，他很快就意识到，如果为销售团队设定明确的预期目标，很多客户的投诉电话原本是可以避免的。

于是，针对如何防止新客户遭遇相同的问题和障碍，销售团队开展了头脑风暴活动。他们非常赞同我提出的理念：如果问题是可重复的，那就是可预防的。为此，销售团队努力工作，为这家新客户设计了更合理的新员工培训流程。在这套流程中，一个重要的步骤就是与新客户和技术支持团队的成员进行视频会议。在会议期间，他们对具体细节进行了审查，包括交货时间和新设备的安放位置，即使这些细节此前已经和销售员进行过讨论。在视频会议上，他们提出了安装过程可能出现的潜在问题，譬如说，因为先前安装花费的时间超过预期而导致交货推迟。

> 通过这种面对面的交流，新客户与技术支持团队之间形成了一种情感纽带，并彻底改变了对话的基调。技术人员的参与方式不再只是电话中的声音或是留在电子邮件上的签名。新客户也喜欢这种把面孔和名字对应起来的方式，而且当然也愿意和一个有血有肉的人建立联系。随着客户满意度的提高，老客户留下来并为公司推荐新客户的概率也随之增加。

销售经理应鼓励其他部门的负责人参与自己的销售会议。在外部看来，销售看起来似乎是一个很有诱惑力的行当，销售员可以到处旅行，享受昂贵的晚餐，体验高尔夫球的轻松。但是，销售员为求得成功所付出的坚韧、勇气和辛勤工作，可能是其他部门没有想到的，也应该为其他部门所认同和学习。在机场苦苦等候 5 个小时、直到午夜才赶到家的感觉，似乎和诱人这样的词汇毫无关系。倾听竞争对手积极进取的故事，了解销售团队为赢得竞争所付出的努力，有助于其他部门对销售这份职业给予应有的尊重。

销售不是一个部门的事情。只有建立一个并肩合作的销售村，才能赢得并留住业务。建立你自己的销售村，这样，你将拥有更坚固的客户关系。

■ 销售领导者的情商行动计划

1. 鼓励、支持公司其他部门学习销售与沟通技巧。

2. 走出自己的办公室。邀请其他部门体验你的销售团队，体验参与到与潜在客户和现有客户的对话中。

3. 检查新客户的新员工培训流程。你遇到的哪些重复性问题原本是可以避免的?

4. 与公司中的其他部门建立良好的合作关系。

5. 倡导共担事业的思想，让所有部门都认识到，销售不是一个部门的事情。只有建立一个并肩合作的"销售村"，才能赢得并留住业务。

第二十一章

你们的销售会议是在表演吗

这样的会议场景会让你感到似曾相识吧？

这是星期一上午的小组销售会议。团队成员零零散散地来到会议室。销售经理无奈地等待，会议的开始时间整整比计划延迟了 15 分钟。

另一方面，销售会议实际上成了变相的"土拨鼠日"会议。会议议程永远不会改变。唯一的议题就是"你的销售渠道情况如何"。会议的基调就是强词夺理，自我辩解，每个人都在为生意卡壳或是成交日期推迟之类的事情寻找借口。会议在毫无结果的情况下终止，相同的议题在下周的会议上再次重复，销售团队继续为交易的停滞而辩解，同样的借口，同样的不了了之。

你的销售会议或许就是一场货真价实的投诉会议。每个人都怨气冲天，唯一的话题就是抱怨公司的诸多过错。他们的态度很明确：如果公司不能做到完美无瑕，他们的销售目标就无法实现。

到底发生了什么，到底是哪个环节出了问题？

问题无处不在！

销售会议的延迟开始，其实就已经向与会者传递了一条信息：会议真的不那么重要。（而且它还传递出另一条消息，既然开会可以迟到，那么，拜访客户的事情也可以推迟。）销售会议既不是运营会，也不是投诉会，它就应该是货真价实的销售会议。会议的目的应该是告诉人，踏踏实实地工作，勤勤恳恳地付出，只有这样，才能掌握成为一名销售专业人员所需要的技能和知识。实际上，公司因为这些毫无意义的"假"销售会议而浪费的资金数额庞大。

销售会议的真正目标应该在于：

- 团队建设。但是，当销售团队的一半成员觉得可以迟到，可以浪费其他团队成员的宝贵时间而无须承担任何后果时，那么，打造团队合作就会变成一句空话。

- 技能培训与开发。不要把时间浪费到谈论销售漏斗的问题上。集中精力，让你的销售团队拥有更高水平的技能，他们的销售漏斗自然会得到拓展。他们早就知道该如何阅读报告！没有必要为这样的事情开会讨论。

- 集思广益，不断寻找新的思路，提升团队为客户提供的服务水平和专业水平。不要再去抱怨公司没有做什么，你只需要控制好你能控制且必须要控制好的事情——给客户带来优质的服务和深切的关爱。

不要再把时间浪费在这些循规蹈矩甚至是毫无意义的销售会议上。算算全体与会者的薪金总额，看看这些会议花费的成本。这个数字足以让你清醒，去思考如何才能召集更有效、更有价值的销售会议了。

弄清最重要的事

加里·凯勒（Gary Keller）是畅销书《最重要的事，只有一件》（*The One Thing*）的作者。在这本书中，凯勒为我们提出了很多好建议，其中之一就是他最关注的问题："在你所能做到的事情中，哪一件事会让其他任何事情都变得更轻而易举甚至毫无意义？"

对莱克伍德教堂（Lakewood Church）牧师乔尔·奥斯汀（Joel Osteen）的采访让我想到了这个问题。莱克伍德教堂是位于得克萨斯州休斯敦市的一座大型教堂。超过一千万个家庭收看了他在电视台的布道演说。当被问及如何管理这座大教堂的日常运营时，他的观点与凯勒如出一辙。他讲述了自己的"一件事"，也就是最重要的那件事——在星期天进行的布道演说。奥斯汀牧师在这件事上投入了大量的时间和精力。他在每个星期三便开始准备星期日的演说材料，在星期四撰写布道演说稿，在星期五开始朗读背诵，在星期天上午进行电视直播之前，他还要在星期六晚上与两名听众一起进行演说彩排。他很清楚，这件事就是他为莱克伍德教堂的持续成功所能做的最重要的事情。

对销售经理而言，如果这件事就是筹备、运作和召开一次成功的销售会议，你该怎么办？如何组织这次会议，才能让你的销售团队更加轻松且更有效率？对你来说，做哪些方面的准备会让会议更顺利地进行？

让你的销售会议成为名副其实的销售会议

召开有效团队销售会议的原则，完全等同于确保客户销售会议有效进行所遵循的原则。

你需要向自己的销售团队讲授拜访前规划的重要性，这样，就可以确保与潜在客户及现有客户进行的销售会议富有成效，而且更有针对性。为此，你可以通过以下问题，确保召集的会议能给销售员带来预期效果：

- 这次会议的宗旨和目的是什么？
- 你想得到的结果是什么？
- 你召集这次会议需要哪些资源？

同样，你也应该问自己完全相同的问题，确保你组织的销售会议富有成效，而且更有针对性：

- 这次会议的宗旨和目的是什么？
- 你想得到的结果是什么？你是否在努力提高销售团队的销售技巧？这次会议的目标是否旨在提供激励和启发？
- 你召集这次会议需要哪些资源？你在会议中是否采取了旨在测试具体能力的角色扮演、练习或游戏？是否需要观看某些电影片段或 TED 演讲视频为与会者创造激励和灵感？

在与潜在客户或现有客户会面之前，销售员根本就没有抽出时间去设计具体问题，这往往会让销售经理感到沮丧和挫折。缺乏准备只会带来"即兴发挥"式的销售拜访。但是作为销售经理，你可能会对此而感到内疚。在部门销售会议做准备时，你自己是否拿出了足够时间去构思设计，让你的讲话更有意义呢？抑或你自己是否也经常召集这种"即兴发挥"式的销售会议？

比如说，你正在为一款新产品的上市策略做准备。为此，你设计了一些很有启发性的问题，包括：

- 这项策略是否符合我们的核心价值观？

- 这是本季度的头等大事吗？

- 如果我们这样做，需要采取哪些主动举措？

- 这项策略是如何为客户提供价值的？

- 这种方法会如何让我们比竞争对手更出色？

- 这是我们的最高效、时间利用效果最佳的方式吗？

优秀的销售员能与潜在客户或现有客户一起制定明确的下一步措施。优秀的销售经理则善于为他们向销售团队灌输的行为模型打造示范。每次销售会议之后，采用通讯简报的方式对会上讨论的问题及达成的决议进行总结；为下次销售会议分配任务，明确职责和截止日期。

一定要让你的销售会议成为名副其实的销售会议。

邀请专家

你不必成为唯一能为销售团队提供专业知识和动力的人。

可以邀请公司的 CFO 参加销售会议，并请他们介绍制定购买决策所需要考虑的重要信息。这样，你的销售团队及可以向 CFO 学习如何认识和衡量投资回报率。

还可以邀请客户参加你组织的一场销售团队会议，客户可以亲自来到现场，也可以采取视频会议的形式。我们的一家会员公司就曾邀请他们客户的首席信息官参加电话会议，并把这作为销售培训会的一部分。在首席信息官介绍自己为何一直选择该公司为合作伙伴时，所有销售团队成员无不为之而振奋，这也是整个会议中最有趣的一件事。实际上，这个真实感人的"证言"比我或首席执行官当天发表的任何言辞都更振奋人心。

　　还可以邀请友好企业的顶级销售员参加你的销售会议，让他们分享各自拓展和保留业务的最佳实践。通过最佳实践的共享，可以消除很多人"不可能完成"的想法，因为这些想法本身就来自他们的同行，现实就是最好的证据，也是最有效的动力。此外，这种做法还有助于建立良好的合作关系，从而为共同搭建推荐合作关系创造可能性。

　　现在，该是放弃召开假销售会议的时候了。一定要弄清楚，对你最重要的那件事是什么。让你的每次销售会议都富有成效，成为一次精彩纷呈的聚会，而不只是停留于"还算过得去"。

■ 销售领导者的情商行动计划

1. 弄清楚自己最重要的事情是什么。让每次销售会议都成为精彩纷呈的聚会，而不只是停留于"还算过得去"。

2. 确定每次销售会议的宗旨和目的，明确你希望得到的结果是什么。

3. 使用推迟满足技巧。为设计一次精彩的会议做好充分准备。合理规划会议问题，认真研究相关的 TED 演讲，设计有效的角色扮演。

4. 避免含糊不清的后续步骤，明确规划。根据销售会议的议程和目标建立明确的后续步骤。

5. 邀请其他专家分享各自的智慧。

第二十二章

你打算怎么做

首先感谢你阅读本书。写一本书就如同举办一场派对：你想知道，除了你的亲人以外，还会有谁参加你的聚会。同样，我也想知道谁会阅读这本书。

感谢你出席这场聚会。我必须保持谦逊和感激，因为我很清楚，做自己熟悉的事情才是最舒服的。但学习新的想法、技能和行为却绝非易事。如果不难的话，我们所有人都应该成为百万富翁。

我原本可以用鼓舞人心的口号结束这本书，比如像耐克的宣传语，"想做就做"，或是"事情是否可期，全在自己努力"。但我不想这么做，因为大家都知道这些豪言壮语和至理名言。相反，我只想提出一个最简单的问题：你打算怎么做？

● 在决定是否聘请一名销售员时，你是否仍然只考虑他们的硬技能和销售履历上的历史统计数据？或者说，你是否会把情商方面的指标纳入招聘标准中？

- 你是否会更新培训和辅导课程，并把针对情商的培训纳入其中？或者说，你是否安于教导你最熟悉的那些销售技巧？

- 你是否会给销售团队应该拥有的行为方式做示范？比如说学会专注、共情力和情绪管理等？或者说，团队成员继续看到的仍只是一个只会匆忙组织销售对话和会议的领导者？

- 你是否会抽出时间建立并深化与客户和同行的关系？或者说，你是否依旧只谈论关系的重要性，但却不花时间去建立这种关系？

- 你是否会创建以教育和激励为主题的销售会议？或者说，你的销售会议仍像是电影《土拨鼠之日》中的场景，不断重复毫无意义的话题？

你会怎么做呢？

随着情商的提高，我逐渐发现，生活也开始变得越来越轻松，越来越愉快。人生的戏剧性随着情绪管理能力的提高而降低；专业关系和个人关系因为自我认知和其他认知的强化而改善。而在以独特的方法把软技能和硬技能培训结合起来后，我的专业咨询工作也开始变得更有意义、更有价值。很多销售员和销售经理告诉我，两者的整合让他们轻而易举地实现了销售目标，也让他们的工作更加愉快。对我来说，这才是真正的胜利。